RENÉE MARTEL

Dominique Chapados

Ma vie, je t'aime

Distribution pour le Canada:

QUÉBEC·LIVRES
⦿ QUÉBECOR MEDIA

2185, autoroute des Laurentides
Laval (Québec) H7S 1Z6
Téléphone: (450) 687-1210
Télécopieur: (450) 687-1331

Distribution pour la Suisse:
Diffusion Transat S.A.
Case postale 1210
4 ter, route des Jeunes
1211 Genève 26
Téléphone: 022 / 342 77 40
Télécopieur: 022 / 343 46 46

RENÉE MARTEL

Dominique Chapados

Ma vie, je t'aime

LES ÉDITIONS
PUBLISTAR
QUEBECOR MEDIA

LES ÉDITIONS
PUBLISTAR
QUEBECOR MEDIA

Une division des Éditions TVA inc.
2020, rue University
20ᵉ étage, bureau 2000
Montréal (Québec) H3A 2A5

Directrice des éditions:	Annie Tonneau
Révision:	Paul Lafrance
Correction:	Corinne De Vailly
Infographie:	Roger Des Roches, SÉRIFSANSÉRIF
Direction artistique:	Nancy Fradette
Couverture:	Michel Denommée
Photos de l'auteure:	Pierre Dionne
Maquillage:	Macha Colas
	avec les produits Stagecolor Cosmetics
Coiffure:	Pelo Coiffeurs
	107, avenue Querbes, Outremont (Qc) H2V 3V8
	Tél.: (514) 948-2777
Vêtements:	Couverture recto: Vêtements Michel Desjardins
	Couverture verso: Ariane Carle

Les photos de l'intérieur proviennent de la collection personnelle de l'auteure.

Pour chaque exemplaire vendu, 0,50 $ sera versé
à l'Association pulmonaire du Québec.

Nous reconnaissons l'aide financière du gouvernement du Canada par l'entremise du Programme d'aide au développement de l'industrie de l'édition (PADIÉ) pour nos activités d'édition.

© Les Éditions TVA inc., 2002
Dépôt légal: premier trimestre 2002
Bibliothèque nationale du Québec
Bibliothèque nationale du Canada
ISBN: 2-89562-043-1

TABLE DES MATIÈRES

PROLOGUE

RACONTER MON ENFANCE A TOUJOURS ÉTÉ POUR moi très complexe; j'ai l'impression d'avoir vécu trois vies distinctes en même temps: ma vie à la maison, ma vie chez la famille Sawyer et ma vie d'enfant artiste. Devenue adulte, les choses n'ont pas nécessairement été plus faciles pour moi. Il me semble, aujourd'hui, que j'ai passé ma vie à me battre autant contre mes démons intérieurs, que contre le milieu difficile dans lequel j'avais plus ou moins décidé de vivre. Entre le vedettariat, mon rôle de femme et mon rôle de mère, j'ai mis des années à trouver l'équilibre que je connais aujourd'hui.

Si j'ai accepté de raconter cette vie qui est la mienne, c'est pour vous faire partager ce qu'il y a de plus intime en moi, en espérant que vous y trouverez un certain intérêt, ne serait-ce que celui de la comparer avec votre propre vie, en y tirant les conclusions qui sauront vous convenir et vous aider à poursuivre votre propre cheminement.

Mais il y a toujours un début, et le voici: je suis née le 26 juin 1947, à 11 h 50, rue Charles-Garnier, à Drummondville, dans la maison du frère de ma mère, Alfred Therrien. Je suis Cancer ascendant Vierge.

Chapitre I

Mes débuts professionnels à cinq ans

J'avais à peine un an lorsque mon père est entré à l'hôpital, et à partir de ce moment-là, je ne me souviens pas l'avoir vu en bonne santé. Il a souffert, entre autres, de tuberculose. Son séjour à l'hôpital allait le condamner à deux accablantes années d'inactivité; nous nous retrouvions donc trop pauvres pour subvenir à nos besoins. Ma mère a été obligée d'habiter avec moi chez ses amis, les Sawyer.

Robert et Clara Sawyer vivaient dans un deuxième étage de la rue des Écoles, à Drummondville, avec leurs deux filles, Denise et Christiane. Dès notre première rencontre, je les ai adorés: ils étaient simples, chaleureux et aimants. M. Sawyer avait un emploi chez Dominion Textiles, et Mme Sawyer restait à la maison pour mieux s'occuper de ses filles.

J'ai surtout aimé M. Sawyer, pour qui je suis instantanément devenue *sa* fille, sa petite dernière, le bébé de la famille. Il m'achetait des cornets de crème glacée, me promenait partout, me gâtait énormément. Les deux premières années que j'ai passées avec les Sawyer (parce que les circonstances allaient me permettre de les fréquenter régulièrement) ont comblé de joie mon cœur de fillette et m'ont marquée à jamais. Mon père a fini par récupérer, et j'avais trois ans quand il est finalement sorti de l'hôpital.

Mon père a bien dû se rendre compte de toute l'affection que j'éprouvais pour les Sawyer. Je sais aujourd'hui qu'il avait terriblement peur que je les aime plus que lui. J'imagine que c'est imprégné de cette crainte qu'il m'a envoyée dans un orphelinat de Nicolet.

Quand M. Sawyer a su ça, il a réagi très vivement, poussant même l'audace jusqu'à venir me chercher une semaine après mon arrivée là-bas. «Cette enfant-là n'a pas d'affaire dans un orphelinat. On est capable de la garder», a-t-il dit à mon père. Celui-ci lui a répondu qu'il n'avait pas d'argent pour me faire garder, que c'était pour cette raison que je devais aller à l'orphelinat. M. Sawyer, doublement insulté, a rétorqué que l'argent n'avait rien à voir là-dedans, que mon père savait bien que lui et Clara étaient prêts à me garder pour rien.

Mais mon père ne voulait rien entendre. Il était déterminé à m'éloigner d'eux. Il m'a donc reprise, m'a ramenée à l'orphelinat, et a même interdit aux Sawyer de venir me voir. «C'est moi, son vrai père. J'ai bien le droit de faire ce que je veux», qu'il a dit pour se justifier. Déjà, il sentait le besoin de rajouter la distinction «vrai».

Mon père m'adorait, mais il n'avait pas les mots pour me le dire, ni l'assurance pour me le montrer. Ainsi, sa réaction pour contrer la compétition que lui faisaient bien malgré eux les Sawyer a été de tenter de m'éloigner d'eux, de me les faire oublier, mais il n'a réussi qu'à me les faire aimer davantage.

Je suis restée dans cet orphelinat pendant un an. Cette énorme bâtisse ecclésiastique, avec ses religieuses, sa cafétéria et ses dortoirs et ses lits de fer, laissait présager un séjour ennuyeux et aliénant. Bien que je n'en retienne aujourd'hui rien de bien précis, aucune des innombrables photos qui témoignent de mon séjour là-bas ne me montre souriante. Mon seul beau souvenir est celui de sœur Cécile Lépine, qui m'avait prise sous son aile, mais le souvenir le plus clair reste celui d'un accident dont j'ai été victime et qui, s'il n'avait pas si mal tourné, aurait pu être presque comique. En jouant trop près d'une fillette qui se balançait, je me suis fait frapper au front par le coin de sa balançoire. Le problème, c'est que je ne saignais pas, et c'était très dangereux. On a donc dû me transporter à l'infirmerie de toute urgence, où l'on s'est affairé à m'entailler le front plusieurs fois pour provoquer un saignement et espérer ainsi guérir la blessure. J'en porte encore la cicatrice. Mes parents sont venus me chercher un an après, et c'est à ce moment-là qu'ils ont décidé qu'au lieu de me faire garder à l'orphelinat (ou ailleurs) ils me traîneraient avec eux en tournée. Ils m'ont donc inscrite à des cours de danse à claquettes, premiers pas vers mon éventuelle carrière.

Ma mère devait superviser mes répétitions; à quatre ans et demi, je n'étais pas différente des autres enfants de mon âge: je voulais jouer dehors, pas faire de la danse à claquettes chez moi. Ces leçons ont pourtant porté fruit puisque, à cinq ans, j'étais devenue assez bonne pour accompagner mes parents. J'ai commencé au Ranch de la Gaieté, une salle de danse qui appartenait à mon père. Ma mère, le vendredi soir, me mettait des guenilles dans les cheveux pour que le samedi, jour du spectacle, j'arbore des cheveux en boudins. À six ans, j'ai suivi mes premiers cours de chant, avec Gaby Laplante, une chanteuse très connue à l'époque. J'avais sept ans quand j'ai chanté devant un public pour la première fois. C'était au Théâtre Royal, à Drummondville. J'étais debout sur ma petite chaise, pour que les gens puissent mieux me voir, et j'étais très nerveuse. Juste avant d'entamer notre chanson, mon père s'est adressé à moi devant le public.

«C'est quoi ton nom?

– Hein? Mais tu le sais bien mon nom!

– Oui, mais dis-le au monde.

– Ben... Renée Martel, voyons.

– Et quelle chanson on va chanter?»

Ce petit jeu commençait à m'énerver; je ne comprenais pas encore qu'il faisait ça pour le bénéfice des spectateurs. «Ben, tu l'sais quelle chanson on va chanter, c't'affaire, on l'a pratiquée assez de fois!»

La foule a éclaté de rire.

«Oui, mais dis-le au monde.

– Ben, c'est *Un coin du ciel*.»

J'ai fait ma première tournée la même année. Mon père, ma mère et moi avons fait le tour des salles paroissiales et des théâtres. Nous nous sommes rendus jusqu'à Sept-Îles. Nous devions prendre le bateau pour nous y rendre. Pendant la traversée, tout le monde me cherchait; personne n'arrivait à me trouver. En fait, je m'étais liée d'amitié avec le capitaine du bateau; j'étais dans sa cabine, mangeant une pointe de tarte aux pommes et buvant un verre de lait. Mais mon plus beau souvenir de cette tournée pivote autour de la phrase «Achète-z-y donc une catin!» C'est mon père qui a dit ça à ma mère en lui tendant de l'argent. C'était un matin que nous étions dans une chambre d'hôtel à Val D'or. Je devais coucher sur un matelas par terre, et j'imagine que mon père voulait me réconforter. De là le «Achète-z-y donc une catin!» Cette journée-là, ma mère m'a accompagnée dans un magasin et j'ai tout de suite trouvé la mienne: une belle poupée aux cheveux roux tressés. Je la trouvais tellement belle! Je l'ai encore aujourd'hui, et même si elle a considérablement perdu de son lustre – ses cheveux ont passé au vert caca d'oie et ses belles tresses ne sont plus qu'un amas de laine – je l'aime tout autant que ce jour-là au magasin. J'ai tout de suite mis ma catin dans mon «coin», c'est-à-dire à l'arrière de la voiture familiale que mes parents avaient achetée pour les tournées. C'était mon domaine *à moi*, et *personne* n'avait le droit d'y aller et de fouiller dans mes effets personnels – mes jouets et mes livres. C'est là que je passais mon temps et que je dormais pendant les interminables voyages.

Un jour, nous avons eu un accident. Un conducteur ne nous a pas vus et nous a percutés. Ce n'était pas un accident bien grave. Mon père et ma mère sont sortis de la familiale et se sont mis à discuter calmement avec l'homme. Mais moi, je n'étais pas calme. J'étais fâchée. Très fâchée. En fait, tellement fâchée que je suis sortie de mon «coin» et que j'ai affronté le monsieur, les poings sur les hanches, en lui disant, des larmes de rage aux yeux: «Toi là, t'as cassé la voiture de mon père!» Le pauvre ne savait pas trop comment réagir, mais mon père n'en a pas fait un plat. Et heureusement, la voiture n'était pas «cassée».

Cette première tournée a duré très exactement 104 jours, entre les mois d'août et de novembre. Mon rôle était assez simple: pendant la première partie du spectacle, mon père me présentait à la foule et il faisait jouer un 78 tours pour accompagner mes pas de claquettes. Les gens, eux, lançaient des pièces de monnaie sur la scène. Je ne chantais qu'en deuxième partie; mon père me présentait encore, je montais sur un petit banc, et j'interprétais des chansons comme *Un coin du ciel*, *Le petit cordonnier*, et *Bonbon caramel* avec mon père. J'allais me coucher après le spectacle.

Une nuit, je me suis réveillée et j'ai vu ma maîtresse d'école au lit avec quelqu'un (ma mère l'avait engagée pour me suivre et s'assurer que mon rendement scolaire ne dégringole pas). Trop naïve, et désireuse de savoir ce qu'elle faisait, je suis allée voir ma mère le lendemain.

«Maman, pourquoi la maîtresse d'école était couchée avec le joueur d'accordéon hier?» Ma mère ne l'a pas trouvée drôle.

❧

Dans le temps, nos spectacles comportaient deux sketches. L'un d'eux nous montrait à table, et bien sûr, pour ajouter au réalisme, nous avions besoin d'accessoires, dont un pot de cornichons Dills. J'adorais ces cornichons. Une fois, mon père est entré dans notre loge, brandissant le gros pot de cornichons vide – celui dont nous avions besoin pour notre sketch.

«Qui a mangé le dernier cornichon?» Il était enragé. Quand il m'a regardée, il a tout de suite su, et son ton s'est quelque peu adouci, mais je me suis quand même fait réprimander. Moi, j'étais bien loin de me repentir; ces cornichons valaient bien toutes les remontrances du monde! Mon père a raconté cette anecdote le restant de sa vie.

∞

Après la tournée, fin novembre, j'ai enregistré mon tout premier disque avec mes parents aux studios Stereo Sounds, à Montréal, *Noël en famille*. Dans le temps, nous enregistrions en direct. Nous ne pouvions donc pas nous reprendre après une gaffe. Avant d'entrer en studio, mon père m'avait bien prévenue:

«Écoute, quand je te donne un coup de coude, ça veut dire qu'il faut que tu chantes. OK?

– OK!»

La chanson s'est mise à rouler. Mon père chantait. Je l'écoutais, prête.

Coup de coude.

Je respirais et je chantais. Et ça recommençait. Mon père chantait. Je l'écoutais et j'attendais.

Coup de coude.

Je respirais et je chantais. Après la chanson, j'étais bien fière d'avoir suivi ses recommandations à la lettre, mais lui semblait moins heureux. Je me demandais pourquoi. Mais voilà, j'avais oublié que respirer, ça prend du temps, ce qui fait que je commençais à chanter un moment trop tard. Tout le long de la chanson…

∽

Quand je n'étais pas en tournée, je partageais mon temps plus ou moins équitablement entre le logement des Sawyer et notre maison – à la faveur des Sawyer. J'aimais retrouver cette famille terre-à-terre; en tournée, je prenais de plus en plus conscience de mon rôle de star, et ça faisait du bien de me retrouver au sein d'une famille dans laquelle je n'étais pas du tout une star mais bien une enfant comme les autres.

∽

J'avais neuf ans et demi quand ma mère nous a annoncé qu'elle était enceinte. Je me rappelle avoir espéré durant toute sa grossesse qu'elle me donne une petite sœur. Quand j'ai su qu'elle avait accouché d'un garçon, c'est sûr que j'ai été déçue. Mais quand j'ai vu mon frère Mario pour la première fois, je l'ai tout de suite adoré. C'était à l'époque où les grands penseurs nous annonçaient qu'il y allait avoir une guerre en 1960. J'avais très peur pour Mario et, le soir venu, je dormais avec lui pour le protéger.

∽

En 1957, mes parents ont décidé de m'accorder un répit de tournées. J'avais alors 10 ans. Mon père a engagé la chanteuse Jenny Rock pour me remplacer. J'ai d'ailleurs beaucoup imité Jenny Rock, qui jouait de la guitare en plus de chanter en anglais. Un jour, j'ai convié tous mes voisins à un spectacle impromptu dans la cour arrière et, forte de mon introduction du tonnerre («Mesdames et messieurs, voici Jenny Rock!»), j'ai donné le pire spectacle de ma vie (non seulement je ne savais pas jouer de la guitare, mais en plus, je ne parlais pas l'anglais). Mes pauvres voisins, quelle patience!

Je n'étais pas du tout fâchée de ce repos. Je commençais à prendre goût à l'école (j'étais toujours première de classe; d'ailleurs, mon plus grand regret dans la vie est de ne pas avoir continué mes études jusqu'à l'université) et aux Sawyer, chez qui j'habitais quand mes parents n'étaient pas là. Les Sawyer avaient déménagé du deuxième étage au premier, dans le même édifice qu'avant, sur la rue des Écoles, et mes parents avaient emménagé au deuxième. C'était donc très facile d'aller leur rendre visite. Même quand mes parents revenaient de tournée, je préférais aller chez les Sawyer; mon père était souvent très fatigué, et ma mère, surprotectrice, toujours sur la pointe des pieds, nous sommait, mon frère Mario et moi, de faire attention parce que «votre père ne file pas». Alors voilà, j'allais chez les Sawyer. C'était beaucoup plus simple pour moi et, dans le fond, ça faisait l'affaire de tout le monde.

Ce repos a coïncidé avec un autre important séjour de mon père à l'hôpital Rosemont, dont il est sorti quatre ans plus tard avec un poumon et six côtes en moins. Pendant ces années, j'ai été pensionnaire. Quand il a quitté l'hôpital, il avait reçu l'ordre formel du médecin de déménager dans un endroit au climat sec, climat qui lui conviendrait mieux. Il était passé très près de la mort pendant son séjour à l'hôpital; on lui avait administré les derniers sacrements quatre fois tellement tout le monde était convaincu qu'il allait mourir! Une nuit, ma mère avait dû se rendre d'urgence à l'hôpital, les médecins l'ayant avertie que mon père n'en avait plus pour longtemps à vivre. Il a fini par s'en sortir, mais il n'était plus question de jouer avec sa santé.

Nous avons choisi Los Angeles, et encore aujourd'hui je me demande pourquoi; déjà en 1960, cette ville était bourrée de smog, et le climat n'y était même pas sec. Mon père n'y a donc pas pris du mieux. Il faisait toutes sortes de «jobines» pour subsister: entre autres, il a vendu de la crème glacée dans la rue et travaillé dans une manufacture de sapins de Noël en aluminium (ce qui ne devait pas être très bon pour apaiser ses problèmes respiratoires).

J'ai vécu quelques bons moments là-bas, dont la fameuse Rose Parade, le 1er janvier à Pasadena, au cours de laquelle j'ai rencontré mon idole, l'acteur Michael Landon. Mais dans l'ensemble, j'étais malheureuse. Je pleurais souvent parce que ma vie au Québec, et surtout les Sawyer, me manquait. Malgré toutes les bonnes intentions de mon père, je n'aimais pas avoir à rester avec lui 24 heures sur 24. C'est certain qu'il était souvent de mauvais poil, et que la dynamique familiale n'était pas très bonne. En plus, nous étions pauvres. Ma mère et moi devions nous habiller à l'Armée du Salut. Je portais une affreuse jupe à carreaux noir et rose avec une blouse bleue cinq fois par semaine. J'avais un autre ensemble pour les week-ends. Je ne parlais pas anglais, donc j'avais beaucoup de difficulté à l'école. Et comble de malheur, le smog affectait ma vue. Un an plus tard, au moment de quitter Los Angeles, nous avions déménagé quatre fois, j'avais fréquenté trois *high schools* (dont un où, pour me faire sentir la bienvenue, mes camarades m'avaient élue capitaine de l'équipe de *softball*, sport dans lequel j'excellais), et je portais des lunettes, de véritables fonds de bouteille.

Après avoir passé quatre mois chez mon oncle John (le frère de mon père) à Glens Falls, dans l'État de New York, afin d'aider celui-ci à se remettre du décès de sa femme, ma tante Georgette, nous avons amorcé un long séjour à Springfield, au Massachusetts, séjour qui a bien failli faire de moi une Américaine à part entière.

J'étais un peu plus à l'aise à Springfield. J'avais forcément appris l'anglais à Los Angeles (même que je le possédais alors plus que le français), et donc j'ai pu me faire quelques bons amis, avec qui je m'adonnais aux plaisirs typiques des adolescents du début des années 60. J'allais prendre des sodas à la pharmacie du coin avec André (Andy, pour les Américains), mon premier petit ami. Je portais sa bague autour de mon cou (c'était du vrai!), j'écoutais du *rock and roll*, et je portais les *running shoes* avec les petits bas blancs. J'étais une petite *teeny-bopper* en puissance!

Pendant ce temps, mon père avait repris le rythme des tournées, et nous donnions des spectacles les week-ends pour la communauté franco-américaine, très présente en Nouvelle-Angleterre. Deux fois par année, nous repartions en tournée au Québec. À cette époque, j'étais très américanisée: arrivée sur scène, je faisais désormais du country américain. Je me plaisais à reprendre les chansons de Patsy Cline, de Brenda Lee et de Connie Francis. Quand nous revenions au Québec, j'apprenais des chansons en français, sauf que j'avais énormément de difficulté à m'exprimer dans notre langue. Sur scène, mes courts discours étaient saupoudrés d'expressions passe-partout comme: *I mean, c'est so nice d'être ici, thank you*, etc. Je parlais le moins possible sur scène. Mario, qui avait quatre ans, ne parlait plus un mot de français.

Nous avons habité aux États-Unis pendant quatre ans. Si nous étions restés un an de plus, j'aurais eu droit à la citoyenneté américaine. D'ailleurs, nous ne prévoyions même pas revenir au Québec, mais mon père a obtenu une émission à la station CHLT-TV de Sherbrooke. Il a sauté sur ce contrat, surtout parce qu'il lui permettait d'arrêter les tournées. Nous sommes donc retournés au Québec en juin 1963, l'été de mes 16 ans.

∽

Au Québec, mon père m'a tout de suite inscrite à des cours de diction et de français. Cet été-là, j'ai remplacé pendant un mois la chanteuse d'un des orchestres à CHLT, qui était malade. Je travaillais les lundis, les mercredis et les vendredis.

En fait, j'ai commencé à CHLT avant mon père, dont l'émission de télévision débutait en septembre, et c'est là-bas que ma carrière s'est vraiment mise en branle. Cette carrière m'a conduite à bien des endroits, m'a fait gagner beaucoup d'argent, m'a fait rencontrer bien des gens, mais jamais personne n'a su rivaliser en importance avec les Sawyer, cette famille qui, au fil du temps, est devenue *ma* famille. Les frères et sœurs de M. Sawyer sont devenus mes oncles et tantes, leurs enfants, mes cousins et cousines. Les enfants de Denise et Christiane, les filles de M. et Mme Sawyer, sont mes neveux et nièces. Denise et Christiane sont mes sœurs. Nous faisions de gros partys de Noël chez mes grands-parents Sawyer et chez les Levasseur (les parents de Mme Sawyer, qui représentaient la même chose pour moi que la famille Sawyer), et chacun avait sa petite chanson à chanter. La mienne, c'était *Une mère*, que Mme Sawyer adorait m'entendre interpréter.

Tous mes souvenirs d'enfance sont liés aux Sawyer. Le vendredi soir, après le travail, M. Sawyer prenait toujours ses deux bières et, un peu grelot, il me chantait des chansons comme *Un p'tit coup d'rouge* et *Pourquoi les p'tits cochons ont-ils la queue en tire-bouchon* toute la soirée. Denise me les chante encore aujourd'hui. Je me souviens que j'avais l'habitude, à l'âge de deux ans, de me déshabiller sur la galerie, à la vue de tous. M. Sawyer, en rentrant du travail, s'adressait alors toujours à Mme Sawyer avec un ton moqueur: «Hé, la noire, rentre donc ta toute nue!» Ma photo avait sa place parmi celles de la famille, mais un jour – je ne me souviens plus pourquoi – je l'ai retirée du mur et j'ai tenté de la brûler. Aujourd'hui c'est Denise qui l'a chez elle, et on peut encore y voir la trace du rond de poêle.

∾

M. Sawyer avait un côté très protecteur. Il me disait souvent que si quelqu'un osait me faire du mal, cette personne le regretterait. Quand j'ai eu 11 ans, une religieuse de l'école Sainte-Thérèse l'a appris à ses dépens lorsqu'elle m'a asséné des coups de règle. Rien de trop étonnant, remarquez, le châtiment corporel dans ce temps-là étant monnaie courante tant à la maison qu'à l'école. Nous mangions des coups de règle à l'école et, à la maison, c'était des coups de *strap* à rasoir (je dois dire qu'à cet égard, j'ai été largement épargnée). Ces coups de règle ont soulevé l'ire de M. Sawyer, qui m'a prise par la main et m'a traînée jusqu'à l'école, laissant à peine mes pieds toucher le trottoir. Une fois arrivés, il m'a fait asseoir dans le corridor et est allé «parler» à la religieuse en question. Ce qu'il lui a dit ne se répète pas dans un livre; disons que les conséquences pour elle auraient été pour le moins fâcheuses si elle avait osé toucher une fois de plus à «ma fille». C'est pour dire à quel point M. Sawyer m'aimait et se sentait lui-même blessé quand il m'arrivait un malheur.

J'avais ma chambre chez eux, et encore à 20 ans j'y allais souvent. Un jour, j'ai été impolie avec M. Sawyer, qui m'a envoyée dans ma chambre en me disant: «Quand tu seras polie, tu sortiras. Je suis ton père, et tu ne me parleras pas comme ça.» J'ai eu cette chambre dans leur maison jusqu'en 1972, année où M. Sawyer est décédé.

En 1998, je suis allée souligner l'ouverture du Zellers à Granby. Alors que je signais des autographes, un petit garçon est venu me voir et m'a dit: «Mon grand-père, là, c'était ton père.» À ce moment-là, mon père n'était pas encore décédé, alors je lui ai demandé son nom, un peu confuse. Quand il s'est nommé, j'ai immédiatement compris qu'il parlait de M. Sawyer. Et il avait raison, parce qu'à la mort de M. Sawyer, dans ma tête, c'était effectivement mon père qui était parti. D'ailleurs, son décès m'avait tellement blessée que j'avais appelé ma mère en Arizona pour lui lancer: «Tu diras à ton mari que mon père est mort!» C'est certain qu'avec le recul je me rends compte à quel point c'était méchant de dire ça, mais c'était comme ça que je me sentais à l'époque. C'est bien sûr que j'aimais plus M. Sawyer que mon père, du moins jusqu'à ce que ce dernier se laisse découvrir, bien des années plus tard. Mme Sawyer est décédée en 1996, environ quatre mois après son 80e anniversaire. Au salon, Denise et Christiane me présentaient comme une des leurs: le bébé de la famille, leur sœur cadette. C'est comme ça avec les Sawyer: j'étais et je demeure un membre à part entière de cette merveilleuse famille.

Toutes les valeurs que j'ai voulu inculquer à mes enfants me viennent des Sawyer. Je ne veux pas dire que mes parents n'avaient pas de bonnes valeurs. Je veux seulement dire que les vraies valeurs, les valeurs terre-à-terre, me viennent des Sawyer. Chez eux, je n'étais pas une star mais bien la petite dernière de la famille. Ce n'était pas du tout comme ça chez nous. Chez nous, nous ne parlions que de showbiz, de quelle chanson j'allais interpréter, de quelle robe j'allais porter, de quels textes je devais apprendre, etc. Nous ne discutions jamais de la vraie vie, ni de notre famille à nous. Nous n'étions pas une famille unie; chacun était de son bord. C'était une autre vie, et c'est pour ça que je dis que de passer tant de temps avec une famille terre-à-terre comme celle des Sawyer m'a donné un équilibre qui, j'en suis persuadée aujourd'hui, m'a sauvé la vie.

Chapitre 2

Victime d'un viol
à 18 ans

J E PARTICIPAIS À L'ÉMISSION DE MON PÈRE À CHLT trois fois par semaine, en direct (il n'y avait pas d'émissions préenregistrées dans ce temps-là). L'émission durait une demi-heure, mais je devais arriver au studio quatre ou cinq heures plus tôt pour participer aux prises de son, répéter mes chansons et préparer mes vêtements. J'étais la chanteuse attitrée de l'orchestre. Nous étions plusieurs orchestres à nous partager le temps d'antenne. Celui de Ti-Blanc Richard, le père de Michèle, était aussi de cette émission. C'est d'ailleurs comme chanteuse attitrée de l'orchestre de Ti-Blanc que Michèle a lancé sa carrière.

À l'automne 1963, CHLT a approché mon père pour que je m'inscrive au concours Miss CHLT. Celui-ci se déroulait par étapes. Il y en avait une pour les robes du soir et une autre pour le talent. Mon père savait que je n'aimais pas les concours, alors il a d'abord refusé. Mais les gens de CHLT étaient tenaces. Ils lui ont même dit de ne pas s'en faire, que j'allais sûrement gagner. Forte de cette promesse, j'ai donné mon aval. J'ai chanté *Quand le soleil était là*, de Ginette Ravel, ma chanteuse québécoise préférée à l'époque.

Je n'ai pas gagné. C'est la chanteuse Pierrette Boucher (devenue plus tard célèbre grâce à son émission pour enfants *Au jardin de Pierrot*) qui a remporté les grands honneurs avec son air d'opéra. J'étais tellement déçue! Je n'avais jamais aimé les concours, et celui-là n'a fait que renforcer mon opinion. J'ai d'ailleurs rarement participé à d'autres par la suite. Les exceptions ont été le Gala des artistes en 1968, où j'ai été élue Découverte de l'année, le prix Orange en 1976, auquel je ne m'étais même pas inscrite, et l'ADISQ, qui m'a récompensée de trois Félix.

Ma mère, par contre, devait être contente de m'avoir inscrite au concours Miss CHLT. Elle m'avait emmenée magasiner pour mes vêtements de scène à la Plaza Saint-Hubert, à Montréal, et, le plus naturellement du monde, avait rempli un coupon de participation pour un tirage au Canal 10, à l'émission de Réal Giguère. Eh bien, figurez-vous qu'elle a remporté le gros lot de ce tirage! Moi, je suis repartie les mains vides.

CHLT présentait une émission de variétés le midi et une autre le soir. Notre orchestre alternait entre les deux. C'était beaucoup de travail, mais cela a été bénéfique pour ma carrière: six mois après, la maison de disques Météor m'a approchée. J'ai enregistré le premier de quatre 45 tours avec cette compagnie de Sherbrooke. La chanson s'appelait *C'est toi mon idole*. C'est le deuxième 45 tours, *Ghislain* (en l'honneur du bassiste des Sultans Ghislain Dufault, que j'avais fréquenté quelques mois), en 1965, qui m'a permis d'aller me produire à l'émission-culte *Jeunesse d'aujourd'hui*, animée par Pierre Lalonde et Joël Denis. Les producteurs ont assis Ghislain au milieu de la première rangée et ils l'ont montré pendant toute ma chanson. J'ai fait *Jeunesse d'aujourd'hui* plusieurs fois, mais c'est bien la seule fois où l'on a vu un des spectateurs plus que moi! Il faut bien dire que j'étais loin d'être une vedette à part entière en 1965. J'étais une pro, c'est vrai, mais pas une vedette. C'était à l'époque du yé-yé et des minijupes, au beau milieu d'une rare effervescence dans le showbiz québécois, folie inspirée par les Beatles qui sévissaient aux États-Unis. Jusqu'à mon premier grand succès, *Liverpool*, en 1967, je n'étais qu'une autre goutte dans l'orage.

Je n'en étais pas moins occupée. En plus de CHLT et des quelques 45 tours, le tout ponctué d'invitations à *Jeunesse d'aujourd'hui*, je faisais beaucoup de salles de danse avec mon père. Celui-ci m'obligeait à danser avec les gens du public, chose normale dans le temps. Je ne refusais pas de le faire avec les garçons, mais j'haïssais ça; j'étais très timide et même un peu sauvage (je le suis encore aujourd'hui). La seule fois où j'ai carrément refusé de danser avec quelqu'un du public, c'est quand une fille me l'a demandé. Quelques mois par année, je laissais CHLT, le temps de faire une tournée avec ma mère. Mon père, lui, restait à la télé et engageait une chanteuse pour me remplacer. La fois d'après, c'est elle qui allait en tournée et moi qui restais à CHLT.

À un moment donné, mon père a engagé une chanteuse qui n'avait pas de belles dents. Il lui a fait enlever les quatre dents d'en avant et lui a fait poser un partiel. Moi, j'avais les dents avancées et je ne voulais pas que cette chanteuse lui plaise plus que moi à cause de son partiel. Je suis donc allée voir le même dentiste qu'elle et je lui ai demandé de m'enlever les quatre dents d'en avant et de me poser un partiel.

Il a sursauté. «Mais voyons, t'as de très bonnes dents! Il n'est pas question que je te les enlève. Attends, je vais te donner le numéro d'un orthodontiste. Tu iras le voir.» J'ai suivi son conseil. Ma mère et moi sommes allées voir cet orthodontiste à Sherbrooke. Il m'a fait faire un faux palais avec un élastique que j'ai dû porter pendant six mois, pour finalement me retrouver avec les dents que j'ai aujourd'hui. À partir de ce moment-là, beaucoup de gens ont cru que je portais un dentier. Même Gerry Plamondon, mon premier gérant, m'as dit un jour que j'avais un bien beau dentier! Souvent, les gens venaient me voir dans ma loge et me disaient qu'ils avaient fait une gageure avec leurs amis. «Non monsieur, que je répondais, ce sont mes vraies dents.» Et là, ils disaient toujours qu'ils avaient soit gagné soit perdu.

C'est aussi pendant cette période que je suis devenue blonde. Ma couleur naturelle est châtain clair. Suivant les conseils de mon père, qui trouvait que ma carrière prendrait un nouvel envol si j'étais blonde aux yeux bleus, j'ai commencé à me mettre du «Sun In» dans les cheveux. Mais au lieu de devenir blonde, je devenais jaune-orange. L'autre problème, c'est que j'ai commencé à avoir des cheveux gris à 18 ans, héritage de la famille de ma mère. C'est là que mon père m'a payé ma première teinture professionnelle. Mon père voulait que j'éclate. Je peux dire qu'il a été mon premier «faiseur d'image».

Je travaillais en moyenne six jours par semaine. Les congés se faisaient de plus en plus rares, mais quelques fois par année, surtout l'été, mon père décrétait quelques jours de vacances. Aussitôt que j'avais quelques jours libres, j'allais voir ma copine Claudette Gaboury, à Berthier. J'avais rencontré Claudette à l'occasion d'un spectacle à cet endroit quand j'avais 16 ans. Elle en avait 15. Elle était venue me voir chanter. Dès l'instant où nous nous sommes parlé, ç'a cliqué. Je n'étais pas le genre de fille à me faire beaucoup d'amis, mais avec Claudette, ç'a fonctionné tout de suite. Nous sommes d'ailleurs encore très près l'une de l'autre. S'il y a une fille qui me connaît par cœur, c'est bien elle.

Je n'aimais pas qu'elle vienne chez moi. Comme elle était belle et épanouie, mon père nous comparait. Il la trouvait plus jolie et mieux habillée que moi. Ça la rendait bien sûr mal à l'aise, et moi je détestais ça. Donc, j'allais chez Claudette. Son père, Germain, était distributeur de Pepsi. Il y en avait toujours sur la table. Chez Claudette, on buvait du Pepsi au déjeuner. Son père était farceur, pince-sans-rire, il nous agaçait… Bref, les Gaboury ont été dans ma jeunesse ce que les Sawyer ont été dans mon enfance: une deuxième famille.

Nous allions voir tous les orchestres de l'époque: les Hou-Lops, les Gants Blancs, les Sultans, les Aristos, etc. Nous allions aussi dans les salles de danse. Là, je ne me gênais pas du tout – j'y allais à fond! Ces endroits représentaient pour moi la parfaite échappatoire à ma vie d'artiste, de personne qui faisait danser au lieu de danser. Quand j'étais avec Claudette, c'est moi qui dansais. C'est d'ailleurs pour ça que je ne supportais pas qu'on me reconnaisse dans ces salles. Les gens m'accostaient:

«Es-tu Renée Martel?

– Non, non…

– En tout cas, tu lui ressembles pas mal!

– Je sais, on me le dit toujours. Moi, je m'appelle Francine Bergeron!»

Claudette se mettait de la partie. «Oui, oui, c'est Francine, c'est ma cousine!»

Et ça marchait à tous les coups.

C'est au cours de cette période que j'ai rencontré celui qui allait devenir mon fiancé. Léandre jouait de la batterie dans un orchestre, Les Intouchables. Il était très poétique, très posé, sensible. J'ai été charmée dès notre rencontre, mais nous n'avons pas sorti ensemble tout de suite. En fait, je m'étais fiancée avec quelqu'un d'autre – Alain, des Aristos. Ma relation avec mon père devenait de plus en plus difficile. Nous étions constamment à couteaux tirés. Il était déçu du manque de succès populaire de mes premiers 45 tours, et moi, je commençais à en avoir assez du showbiz. Je voulais me marier avec Alain et partir de la maison, me libérer de l'emprise paternelle.

Mon plan semblait vouloir fonctionner. Cette liaison a rendu mon père furieux. Quand nous avons organisé une petite fête de fiançailles chez moi au sous-sol, il a carrément refusé d'y assister. Il a passé toute la soirée dans son fauteuil La-Z-Boy, en haut. Il était tellement contre ma relation avec Alain! Il devait voir que celle-ci ne reposait que sur un désir de vengeance, que je ne m'étais pas fiancée par amour avec Alain, mais par mépris pour mon père. J'ai d'ailleurs laissé Alain à peine deux mois après nos fiançailles, ayant compris moi aussi que ce n'était pas la bonne chose à faire. Je savais que je lui faisais du mal, mais j'aimais autant briser notre union avant qu'après le mariage. Mon cœur n'allait pourtant plus rester libre très longtemps. En effet, un mois plus tard, j'ai repris le contact avec Léandre et nous sommes devenus amoureux. C'était en 1966.

∽

Le dernier 45 tours que j'ai enregistré avec Météor, *Le folklore américain*, a plus ou moins coïncidé avec la fin de l'émission de mon père à CHLT. Il travaillait beaucoup trop pour quelqu'un à la santé fragile, et ç'a fini par le rattraper. À l'automne 1966, son contrat a pris fin et il est resté à la maison. Il n'a rien fait durant toute l'année qui a suivi, victime d'une dépression.

J'avais pris assez d'assurance à CHLT pour poursuivre ma carrière seule. J'ai œuvré, entre autres, comme maître de cérémonie dans les cabarets. Je me souviens d'avoir travaillé au cabaret de Fernand Gignac et d'avoir présenté à la foule Christine Chartrand, récipiendaire du premier prix à l'émission-concours *Découvertes* de 1966. Je me produisais aussi dans des petits clubs avec mon premier vrai groupe, Renée & The Silverboys. Notre marque de commerce, comme le nom du groupe l'indiquait, c'était que les musiciens se vaporisaient les cheveux avec de la couleur argentée.

Je faisais aussi de courtes tournées. L'une de celles-là dura six jours et se rendit jusqu'en Gaspésie. C'est Mme Daniel, la femme du chanteur de charme Yvan Daniel, qui l'avait organisée avec le clan Grimaldi. La tournée réunissait une quinzaine d'artistes et musiciens, dont Donald Lautrec et son guitariste Gene Williams, un danseur à claquettes du nom de Jean Roby, moi, et un présentateur que je nommerai X parce qu'un soir, il m'a violée.

∽

J'avais 18 ans et j'étais plutôt jolie. J'imagine que X me trouvait appétissante, car dès le deuxième soir il a commencé à m'importuner. Il n'était pas très subtil: il me frôlait, il voulait m'emmener manger, il voulait que nous allions prendre un verre… Mais pour être franche, je m'en méfiais. En fait, il me tapait sur les nerfs. Le harcèlement, nous ne connaissions pas ça dans le temps. Mais avec le recul, c'est bien clair que c'en était. Au bout de quelques soirs, tout le monde a décidé d'aller prendre un verre après le spectacle. Me sentant plus en confiance (nous devions tous être assis à la même table), je me suis jointe à eux, et j'ai même pris un verre de vodka-jus d'orange. La seule chose dont je me souviens, c'est qu'à un moment j'ai commencé à me sentir mal. J'étais soudainement étourdie, je sentais que j'allais être malade. X s'est approché de moi et m'a prise par le bras: «Viens, je t'emmène à ta chambre.»

Je ne voulais pas. Je me rappelle avoir souhaité, avec le peu d'énergie que j'avais, que quelqu'un comprenne que je ne voulais pas qu'il me ramène à ma chambre. Mais je n'avais plus la force de protester. Gene Williams, avec qui j'étais copine, m'a regardée monter l'escalier ajouré qui menait à l'étage où ma chambre se trouvait. Il m'a plus tard dit qu'il ne savait pas quoi faire; que je n'avais pas l'air bien mais qu'il ne savait pas si je voulais être avec *X* ou non. *X* guidait mes pas et me serrait le coude.

Rendue dans ma chambre, j'étais encore plus étourdie. Je me suis allongée sur mon lit et, le temps d'une pensée, il s'est retrouvé sur moi. Je protestais. Je disais non. Je pleurais. Il n'écoutait pas. Je disais non, non, non, mais il continuait. Après d'interminables minutes, ce fut fini.

Il est parti.

Seule sur mon lit souillé, je me suis sentie revenir à moi. Assez pour me rendre compte de ce qui s'était passé. J'ai jeté les draps par terre. J'ai pris une longue douche. Je pleurais, j'étais dévastée, je me sentais blessée, meurtrie. J'étais malade. Au bout de quelques heures, enfin calmée, je me suis couchée, mais je n'ai pas dormi.

❧

Neuf heures du matin. On frappait à ma porte.

C'était lui. «As-tu un 20 $? J'ai besoin d'argent pour de l'essence.»

Parfois on est stupide. Je lui ai donné ses 20 $. Il est parti en me disant merci. J'ai refermé la porte. Je me sentais encore sale. Je suis restée ébahie, seule dans ma chambre. Comment avait-il le culot de venir m'emprunter de l'argent après...

Il fallait repartir ce matin-là. Il restait deux jours à la tournée. Je suis montée dans l'auto avec le conducteur et Jean Roby et je me suis mise à pleurer. Ce dernier, soudainement inquiet, m'a demandé ce que j'avais. Ç'a été plus fort que moi. Je lui ai tout dit sur-le-champ. À mesure que je lui racontais mon viol, son visage allongeait. Il semblait très contrarié: «Renée, ça n'a pas de bon sens. Il faut faire quelque chose.»

J'étais bien d'accord, mais je ne voyais pas ce qu'il y avait à faire à part reprendre la route. C'est ce que nous avons fait.

Pendant ce temps, mon père était lui aussi en tournée. Il avait repris du service après sa dépression. Le hasard a voulu qu'à ce moment-là nos chemins se croisent. Sur la route, j'ai aperçu sa roulotte sur la chaussée. J'ai aussi remarqué une autre voiture: celle de *X*. Il avait eu un accident. Pas un accident grave (non, pour lui, l'accident grave devait se produire bien des années plus tard), mais assez sérieux pour attirer la police.

J'ai été voir mon père dans sa roulotte. Il était avec ma mère.

«Qu'est-ce qui s'est passé, papa?

– Il vient d'avoir un accident d'auto. Rien de bien grave. Je lui rends service.

– Comment?

– Je garde sa carabine en attendant que la police s'en aille.»

Il possédait une carabine illégalement.

«Tu ne vas quand même pas faire ça…

– Hein?

– Tu lui rends service, mais tu ne sais pas ce qu'il m'a fait hier soir!

– Quoi? Qu'est-ce qu'il t'a fait?»

Alors j'ai tout dit à mes parents dans leur roulotte de tournée, alors que l'auto accidentée de *X* était de l'autre côté de la rue, entourée de policiers.

Quand j'ai eu fini de tout leur raconter, ma mère était contrariée et mon père était rouge de colère, les poings serrés. «Ah ben, le tabarnac!» La réaction immédiate de mon père m'a encouragée. Je me disais qu'il allait rapporter la carabine et dire, en passant: «Messieurs les policiers, ce salaud a violé ma fille *d'âge mineur* hier!»

Mais rien de tel ne s'est produit. Le seul baume auquel ma plaie a eu droit a été cette réaction émotive, «Ah ben, le tabarnac!» C'est tout. Mon père ne lui a pas ramené sa carabine devant les policiers, et n'a pas porté plainte pour moi. Déjà, même, il avait adouci le ton.

«Ben là, qu'il m'a dit, l'air embarrassé, je ne suis quand même pas pour lui retourner sa carabine. Je ne peux pas le mettre dans le trouble. La police est là, il va falloir que j'attende.» Les policiers ont fini par partir. Enragée, j'étais déjà partie. J'ai bien fait, car j'ai appris que mon père ne lui a pas dit un mot quand il lui a remis son bien. Je n'ai jamais reparlé de ce viol avec mes parents.

Je comptais pourtant sur mon père, car j'avais seulement 18 ans (l'âge de la maturité étant encore fixé à 21 ans dans ce temps-là). J'avais besoin de lui, de ma mère aussi, mais les gens de l'époque avaient énormément peur des qu'en-dira-t-on, et mes parents étaient comme ça eux aussi: ils ont toujours craint l'opinion du public et celle de leur entourage.

Je n'ai pas porté plainte par après. Dans ce temps-là, je ne savais même pas qu'on pouvait le faire. Je me disais que mon rôle était de fermer ma gueule et de porter mon fardeau comme tout le monde.

Mais vers la fin de la tournée, je suis allée voir Mme Daniel: «Mme Daniel, je ne vous dirai pas pourquoi, mais je ne veux plus *jamais* que vous me mettiez sur le même spectacle que ce gars-là.»

Elle a acquiescé à ma demande. Je n'ai plus jamais travaillé avec *X*.

Pendant ces deux jours interminables, il se tenait loin. Il devait sentir à quel point je lui en voulais, que je me souvenais de tout. J'étais très heureuse quand la tournée a pris fin et que nous sommes tous retournés chacun chez nous.

Mais mon calvaire était loin d'être terminé. Quand j'ai commencé à me produire dans les cabarets à Montréal, quelques années plus tard, il venait me voir très souvent. Il s'asseyait dans la première rangée pour me regarder chanter. Il venait même me voir après le spectacle pour me féliciter. Il me faisait la bise en me disant qu'il me trouvait bonne. Et moi je n'ai jamais été capable de me choquer, de lui dire: «Toi, je ne veux plus te voir.» Sa seule présence constituait un affront suffisant pour me paralyser. Je me raidissais. Ça tremblait en dedans quand je le voyais. Mes spectacles étaient toujours moins bons quand il était là. C'est là que j'ai commencé à garder la chose secrète. Une fois, j'ai réussi à me tenir debout. C'était pendant la tournée *La Grande Rétro*, en 1981. Je chantais et dansais *Locomotion* quand j'ai aperçu *X* au beau milieu de la première rangée. Une fois encore, j'ai figé en dedans. Il était là et m'applaudissait presque impunément. Je ne pouvais pas supporter sa présence, mais je n'y pouvais rien. J'ai continué tant bien que mal. Après le spectacle, j'étais dans la loge avec Gilles Girard, qui m'a dit qu'un tel voulait entrer dans la loge et me dire bonjour. C'était *X*. Je me suis tournée vers Gilles et j'ai dit: «Gilles, si jamais ce gars-là entre ici, ça va aller très mal.» Je ne sais pas d'où le courage m'est venu, mais ç'a eu l'effet escompté. Il n'est pas entré.

⌘

Quelques années plus tard, *X* a subi un grave accident qui l'a laissé handicapé. Tout le monde avait pitié de lui, que c'était dommage, et qu'il avait beaucoup de courage de continuer à travailler malgré son handicap! J'étais probablement la seule à trouver qu'il y avait quand même une certaine justice en ce monde.

À moins que je n'aie pas été sa seule victime…

CHAPITRE 3

Liverpool:
UN PREMIER SUCCÈS

C'EST PENDANT CETTE PÉRIODE PLUTÔT TURBULENTE que j'ai voulu abandonner le showbiz. Ma copine Claudette était assistante dentaire, alors je me suis dit que moi aussi je pourrais l'être. Je suis allée voir le dentiste qui, quelques années auparavant, avait refusé de m'arracher les quatre dents d'en avant. Il m'a engagée sur-le-champ, mais ça n'a pas pris de temps que je me suis rendu compte que je n'étais pas faite pour ce métier: lorsqu'il a arraché une dent devant moi, je me suis évanouie. Je suis retournée chanter en me répétant qu'au moins j'avais de l'expérience là-dedans. De toute façon, je me disais que j'étais fiancée avec Léandre et que tout allait arrêter quand nous nous marierions. Nous allions nous unir dans la chapelle du rang Saint-Cyrille, avoir au moins cinq enfants, et vivre paisiblement. C'était ça mon rêve.

Mais mon père gardait espoir de me voir réussir comme chanteuse. Il m'emmenait à Montréal, où je rencontrais des gérants, mais ceux-ci ne me plaisaient pas. J'ai enregistré deux 45 tours avec Pierre Noles et Yvan Dufresne, mais rien ne fonctionnait. Les chansons ne m'allaient pas. Je n'étais pas réceptive. Mon père, lui, n'en revenait tout simplement pas. Il trouvait que j'avais du talent, alors il s'acharnait. En plus, il y avait la compétition que lui faisait peut-être involontairement Ti-Blanc Richard. Il se demandait pourquoi, si la fille de Ti-Blanc était devenue une vedette, sa fille à lui n'en deviendrait pas une elle aussi. Il pouvait être très orgueilleux. Notre relation était très mal en point. Nous avions tous les deux les nerfs à fleur de peau. Tout ce qu'il disait et faisait m'écorchait, et c'était réciproque.

Un matin de février, il m'a carrément chassée de chez moi. J'avais 19 ans. La veille, j'étais allée entendre mes anciens musiciens de Renée & The Silverboys, de passage à Drummondville. Ils avaient une nouvelle chanteuse et m'avaient invitée à la dernière minute. J'avais bien sûr accepté l'invitation. Mes parents étaient partis à Victoriaville, alors j'avais laissé une note sur la table les prévenant que j'arriverais un peu tard, et que je les priais de bien vouloir m'ouvrir la porte. Je n'avais pas de clé à moi, mon père n'ayant jamais voulu m'en donner une. Quand je rentrais plus tard que 23 h 45, c'est ma mère qui venait m'ouvrir la porte en secret.

À partir de 22 h, j'ai commencé à appeler chez moi toutes les demi-heures. À minuit moins le quart, heure de mon «couvre-feu», j'ai commencé à paniquer, car personne ne répondait. Les Silverboys en avaient encore pour une heure ou deux. J'ai appelé toutes les 15 minutes: toujours rien. À 1 h 30, ça ne répondait toujours pas. Finalement, les musiciens m'ont reconduite chez moi après leur spectacle, vers 2 h du matin.

Arrivée chez moi, surprise: l'auto était là. Ma mère est venue m'ouvrir la porte de la galerie. Elle était fâchée.

«Va-t'en dans ta chambre tout de suite. Ton père n'a pas été capable de dormir.

– Pourquoi vous ne m'avez pas répondu?

– T'es sortie sans nous en parler. Ton père est très fâché. Va dans ta chambre.»

Je suis allée me coucher.

Le lendemain matin, à 9 h, c'est ma mère qui m'a réveillée.

«Ton père est parti faire des commissions. Il veut que tu partes avant midi.

– Hein? Mais où veux-tu que j'aille à 9 h le matin?

– Je me suis arrangée avec Mme Legault, la caissière de ton père. Elle a une chambre de libre. Elle va te prendre en pension.»

Je suis partie chez Mme Legault, enragée mais pas vraiment surprise. Même à ce jeune âge, je savais à quel point mon père n'était pas fait pour son rôle de père. Tant et aussi longtemps qu'il a eu la responsabilité de ses enfants, il a eu de la difficulté. Il ne l'avait pas, comme on dit. Je me suis dit que je ne reviendrais plus jamais chez lui. Que ça serait mieux pour tout le monde.

J'ai chambré chez Mme Legault jusqu'à l'automne. C'était en 1967. J'ai vécu de bons moments chez elle. Dès 19 h, nous nous mettions en robe de chambre, et l'été nous nous installions sur la galerie dans nos chaises berçantes. Elle me disait: «J'comprends pas comment ça se fait que ton père t'a mise dehors. Sors un peu! Va faire un tour avec tes amis!» Je lui répondais que j'étais bien dans la maison. Et c'était vrai: j'étais très bien dans la maison. Je n'ai jamais été, comme on dit, une «sorteuse».

Mon père voyait bien que partir de chez lui m'avait fait plus de bien que de mal. J'avais mes amis, mes ambitions, mon fiancé… Bref, il n'aimait pas ça. Il a d'ailleurs essayé de me ramener chez lui. Deux semaines après m'avoir demandé de partir, il est venu me voir pour s'excuser et me demander de revenir à la maison. Il regrettait beaucoup m'avoir mise dehors. Il était comme ça: il faisait des bêtises qu'il regrettait toujours amèrement. Il était très maladroit. Mais je lui ai dit non, que je n'y retournerais pas. J'avais promis de ne pas le faire. Il a compris que j'étais une fille de parole.

✑

Vers le mois de mai, je lui ai fait face.

«Papa, le showbiz, ça ne m'intéresse pas.»

Il était mal à l'aise.

«Pourquoi donc?

– Ça ne m'intéresse pas d'aller à Montréal, de rencontrer des gérants et d'enregistrer des disques. Je suis bien en ce moment. Je suis bien ici. Je veux me marier avec Léandre.»

Il semblait comprendre, mais il a tenté sa chance. «Écoute, je te demande d'essayer une dernière fois. Une toute dernière fois, OK? Je te promets une chose: si ça ne marche pas cette fois-là, je ne t'ennuierai plus jamais avec ça.»

Je me suis dit que je lui devais au moins ça. J'ai accepté.

Je me demande souvent ce que je serais devenue si cette «dernière chance» n'avait pas été celle qui a propulsé ma carrière vers les plus hauts sommets.

Je suis allée chez les disques Trans-Canada, à Montréal, avec mon père. Toutes les maisons de disques se trouvaient dans le même édifice à ce moment-là. J'avais rendez-vous avec Gilles Talbot, le gérant de la chanteuse Dany Aubé, alors très populaire. Mon père me l'a présenté et celui-ci m'a fait entrer dans son bureau. Nous avions à peine eu le temps d'échanger quelques mots que Dany Aubé est entrée dans la pièce. Gilles l'a accueillie et m'a demandé de me lever: «J'ai affaire à Dany. Peux-tu m'attendre cinq minutes dans le corridor?»

Je suis sortie du bureau, humiliée. J'étais plantée comme une chandelle dans le corridor, en attendant que M. Talbot veuille bien m'accorder mon rendez-vous, quand Gerry Plamondon est passé par là. Il gérait la carrière des Sultans, qui marchaient très fort à Montréal. Je le connaissais depuis mes années à CHLT. Il est venu me voir, m'a saluée. «Renée, j'ai une chanson dans ma mallette depuis un bon bout de temps. Je suis sûr qu'elle est pour toi. Viens l'écouter dans le bureau de Denis Pantis.» Denis s'occupait de la carrière d'artistes tels que les Sultans, Michel Pagliaro, Michèle Richard, et plusieurs autres. C'était le roi de l'époque.

Gerry m'a fait écouter la chanson; Denis était très enthousiaste à l'idée que je l'enregistre. Il faut dire qu'à ce moment-là il cherchait à signer un contrat avec mon père. Il se disait que le meilleur moyen de l'avoir, c'était d'abord de signer un contrat avec sa fille. Quinze minutes après notre rencontre, j'avais une compagnie de disques, un gérant et une chanson. La chanson s'intitulait *Liverpool*.

Je ne suis pas retournée dans le bureau de Gilles Talbot avant quelques années. Plus tard, celui-ci allait devenir mon gérant.

❧

J'ai enregistré *Liverpool* et *Oublie ces mots* à l'été 1967. Peu de temps après, mon père m'a demandé de faire une dernière tournée avec lui à l'automne. Curieusement, la maison de disques semblait vouloir que ça soit *Oublie ces mots* qui marche. J'ai fait *Jeunesse d'aujourd'hui* deux fois avec cette chanson. C'était, à l'époque, un énorme succès américain intitulé *I Take It Back*. Nanette Workman l'avait enregistré chez Canusa. Sa version s'intitulait *Je me rétracte*, et force est d'avouer que la chanson lui allait bien mieux à elle. D'ailleurs, elle a été la Découverte de l'année au Gala des artistes cette année-là. Moi, je haïssais cette chanson-là pour mourir. Je pense que c'est la seule que je n'ai pas aimée dès l'enregistrement. Je ne l'aimais même pas en anglais! C'est sûr que quand je l'interprétais à *Jeunesse d'aujourd'hui*, ma prestation manquait de piquant.

J'ai finalement fait *Jeunesse...* un samedi avec *Liverpool*, Denis Pantis ayant convaincu les gens de la radio et de la télé que ça serait un hit; il a eu raison, car dès le lundi matin les téléphones au bureau n'ont pas cessé de sonner; *Liverpool* était un succès instantané. Un soir, peu de temps après, Gerry Plamondon m'a téléphonée: «Renée, il va y avoir un gros party à CJMS et Pierre David voudrait que tu l'accompagnes.»

Pierre David organisait des tournées, dont la très populaire *Musicorama*. Je ne savais même pas de quoi il avait l'air, mais j'ai accepté. C'était au mois d'octobre. Ce party m'a permis de rencontrer plusieurs personnalités importantes de la scène montréalaise. D'un coup, tout le monde voulait me parler. On me disait que *Liverpool* marchait très fort. Je recevais des félicitations et des accolades de partout. J'étais nerveuse. Je ne connaissais pas encore l'ampleur du succès pendant le party. Gerry est venu me parler.

«Renée, *Liverpool* marche, ça n'a pas d'allure. Il va falloir que tu déménages à Montréal.

– Comment ça, déménager à Montréal? (Ça ne me tentait pas du tout de quitter Drummondville.)

– Tu vas faire plein d'émissions de télé. Les journalistes veulent des entrevues, toutes les stations de radio aussi te réclament.»

Je suis retournée à Drummondville. J'ai annoncé la nouvelle à mes parents et à Léandre. Celui-ci n'était pas très chaud à l'idée.

«J'ai l'impression qu'on va se perdre.

– Mais non, Léandre. Tu sais, ça va juste durer six mois et après je reviendrai.»

Dans ma tête, ça n'allait effectivement pas durer plus longtemps que ça. Il a accepté à contrecœur. C'est même lui qui s'est offert pour me déménager à Montréal. Enfin, lui et sa Hudson 1953… Quel bazou, cette Hudson! Le

trajet Drummondville-Montréal a duré quatre heures…
La pédale dans le tapis! Mais de toute évidence, nous
sommes arrivés sains et saufs.

Encore une fois, il m'a dit qu'il pensait qu'on allait se
perdre, et encore une fois je lui ai dit que je ne serais pas
à Montréal plus de six mois.

CHAPITRE 4

MON ARRIVÉE
À MONTRÉAL

J'AI CHAMBRÉ CHEZ DES AMIS DE MES PARENTS. C'ÉTAIT dans l'Est de Montréal. Je voulais rester là juste le temps de me ressaisir, de voir comment les choses allaient tourner pour moi dans cette grande ville. Je me suis vite rendu compte que ça allait beaucoup mieux que je n'avais pu me l'imaginer.

Liverpool marchait très fort. La chanson était numéro un partout et m'a permis, entre autres, de me produire au Centre Paul-Sauvé avec les Sultans lors de leur spectacle d'adieu. C'était un excellent début – mais voilà, un début. Je n'avais que *Liverpool*; je ne faisais pas encore les grands clubs de l'époque, tels que le Café de l'Est.

Après avoir enregistré *Je vais à Londres* en février 1968, j'ai emménagé dans un appartement du boulevard Henri-Bourassa. Je me suis rapidement fait des amis, dont Tony Roman. Tony m'a immédiatement prise sous son aile. L'une de ses premières attentions a été de me loger plus convenablement. Il n'aimait pas du tout mon appartement; il trouvait que je n'y étais pas en sécurité. Il m'en a donc trouvé un plus à son goût, près de chez lui dans Côte-des-Neiges, rue Forest Hill. Il m'a même payé les trois premiers mois de loyer. C'était au printemps.

C'est là que j'ai commencé à goûter au côté plus luxueux du showbiz. Le samedi soir, nous sortions en groupe dans les cabarets. Tony louait deux ou trois limousines et venait me prendre chez moi. Il y avait entre autres Nanette (Workman), sa fiancée, avec qui je me suis liée d'amitié. Nous allions dans les discothèques et les cabarets les plus chics de la ville, comme la Jazztèque et la Casa Loma. Nous y passions la soirée et faisions la fête comme des rois. Dans ce temps-là, Tony Roman avait la ville à ses pieds et il pouvait faire presque tout ce qu'il voulait. On appelle cette période celle de ses 14 téléphones; tout le monde savait qu'il en avait autant chez lui. Il était vraiment au sommet de la gloire, et nous étions en selle avec lui. Moi, je n'avais jamais fait de choses pareilles. Ma vie de petite star, dans la jungle de Montréal, était tellement excitante qu'elle a fini par devenir terrifiante. Chez moi, je me sentais très seule. Je ne connaissais personne à Montréal en dehors de ce cercle jet-set très fermé. En plus, je souffrais d'une timidité maladive. Quand j'allais au restaurant, j'étais tellement gênée que je ne commandais rien, feignant de ne pas avoir faim. J'avais peur de parler. J'étais terriblement complexée, et la grande ville ne faisait qu'amplifier mon insécurité.

Je sentais s'effriter ma promesse à Léandre. Je voyais bien que je serais à Montréal pour plus de six mois. Et je consentais à ce succès en endisquant tous mes hits et en menant cette vie de star. De l'automne 1967 à l'automne 1968, j'ai enregistré *Liverpool*, *Je vais à Londres* et *Viens changer ma vie.* J'ai aussi enregistré plusieurs chansons avec Michel Pagliaro, dont *Les vacances.* Les gens commençaient à me reconnaître dans la rue. Je ne pouvais même plus aller m'acheter une pinte de lait sans me faire suivre et demander un autographe. J'étais épouvantablement mal à l'aise dans mon nouveau décor, ce qui a fait que pendant cette première année marquante j'ai été hospitalisée trois fois pour des attaques de panique aiguë.

La première crise est survenue en janvier 1968. Je ne peux pas en déceler la cause précise, factuelle, car un rien a pu la provoquer. J'ai téléphoné à Denis Pantis et il m'a envoyé une ambulance. À l'époque, c'était très facile de se faire hospitaliser. On arrivait à l'urgence et c'était réglé. On était bien loin du virage ambulatoire et des urgences bondées à craquer. De plus, on ne se cassait pas la tête avec le patient: quand on me voyait débarquer en pleurant sans avoir physiquement mal et en tremblant de tous mes membres sans avoir froid, on m'envoyait quelques jours à l'aile psychiatrique.

∽

En juin 1967, j'ai dû passer trois semaines à l'hôpital Sacré-Cœur après m'être écrasé un disque à la colonne vertébrale, en tombant. J'ai subi une myélographie et une ponction lombaire. Je regardais le Gala des artistes dans mon lit. C'est cette année-là que Nanette a gagné le prix de la Révélation de l'année. Quand ils l'ont nommée, je me suis demandé un peu furtivement si je réussirais à me rendre jusque-là moi aussi. À ce moment-là, ma carrière n'allait nulle part et mon père en était à sa dernière chance de me faire percer. Je passais le plus clair de mes soirées sur la galerie avec Mme Legault. Je ne pensais pas vraiment que ça m'arriverait.

Un an après, tant de choses avaient changé que, quand on m'a appris que j'étais en nomination pour le prix que Nanette avait remporté douze mois auparavant, j'ai commencé à y croire. Gerry Plamondon, mon gérant, y croyait tellement qu'il m'a fait enregistrer *Johnny Angel*, premier texte de mon cru, l'envers du 45 tours *Je vais à Londres*. Il tenait à ce que je fasse ça parce qu'il était convaincu que non seulement je gagnerais le prix cette année-là, mais que Johnny Farago gagnerait celui de la Révélation masculine. D'ailleurs, toute la machine s'est mise en branle pour créer aux yeux du public une idylle entre Johnny et moi, qui n'a jamais eu lieu. J'adorais Johnny, je le connaissais depuis l'âge de 17 ans, mais nous n'avions pas et n'avons jamais eu de liaison. Mais je me prêtais au jeu. De toute façon, j'étais toujours fiancée à Léandre.

∾

Deux semaines avant la tenue du Gala des artistes, Gerry m'a invitée à venir le rejoindre au resto. J'ai accepté et je suis allée en taxi au restaurant Chez Georges, pas maquillée, une pomme dans les mains. Arrivée là-bas, je me suis rendue à la table de Gerry, sans toutefois porter attention à son invité. C'est d'ailleurs lui qui me l'a présenté: «Renée, je te présente Adamo.» Je me suis tournée vers son invité. C'était bien Adamo. Mon idole. L'idole de toutes les Québécoises qui se respectent. Stupéfaite, j'ai échappé ma pomme sur la table, et Adamo a ri de bon cœur. S'en est suivi une rencontre avec un homme tout ce qu'il y a de plus sympathique. Il avait le tour de rendre les gens à l'aise, et je ne faisais pas exception. Peu de temps après, nous nous parlions comme de vieux copains. Il était certain que j'allais remporter le trophée de la Révélation de l'année. Il m'a invitée à son spectacle de Trois-Rivières. J'y suis allée et, derrière la scène, nous marchions main dans la main. Les gens ont commencé à croire que nous sortions ensemble – encore là, fausse alerte. Adamo me tenait la main parce qu'il avait un trac épouvantable, et il voulait que je lui porte chance.

Le soir du Gala, Gerry a eu raison sur un point: j'ai été élue Révélation de l'année 1968, et c'est Nanette qui m'a remis le trophée. Mais Johnny, lui, a perdu au profit du chanteur Stéphane. On honorait aussi Adamo – je ne me rappelle plus pourquoi. Une chose dont je me souviens, c'est qu'il n'était pas au Gala quand j'ai gagné puisqu'il donnait un concert à la Place des Arts. Je n'étais pourtant pas au bout de mes joies; à la réception au Reine-Elizabeth, on a annoncé son arrivée en grande pompe.

«Mesdames et messieurs, Adamo!»

Les grandes portes se sont ouvertes, et il est entré, triomphant. Il avait tellement de présence, je pensais fondre sur place! Et la première chose qu'il a faite, ç'a été de venir m'embrasser devant tout le monde dans la salle, et de me dire: «Je le savais que tu gagnerais!» Après le repas, quand ce fut le temps de danser, il est venu me chercher et nous avons ouvert la danse avec un *slow*. Les gens se sont joints à nous. Un vrai conte de fées, ma rencontre avec Adamo.

CJMS, véritable pilier du showbiz québécois, organisait la fameuse tournée estivale *Musicorama*. En tant que Révélation de l'année, j'y ai participé. *Musicorama 1968* réunissait aussi Stéphane, Karo, Patrick Zabé, les Jades, les Hou-Lops, Dick Rivers et les Lutins. Nous sommes partis de Montréal et avons fait le tour de la province. La tournée était très courue dans chaque ville où elle s'arrêtait. La parade *Musicorama* commençait à 14 h. Nous déambulions dans les rues de la ville, en saluant la foule de notre décapotable. Après une séance de signature d'autographes, nous rencontrions le maire et allions ensuite donner notre spectacle à l'aréna local. Ça s'est poursuivi comme ça jusqu'en août.

La tournée *Musicorama* terminée, j'avais assez d'expérience et les reins assez solides pour monter mon propre *one woman show*. C'est là que j'ai commencé à faire du club. Toutes les portes m'étaient grandes ouvertes. Chaque fois que je sortais un 45 tours, celui-ci se vendait à environ 150 000 exemplaires. Dans le temps, 50 000 exemplaires pour moi, c'était considéré comme un flop. C'est sûr qu'on parle ici de 45 tours, qui se vendaient moins cher qu'un album complet comme on en trouve aujourd'hui, mais le succès parlait de lui-même. Nous n'étions pas beaucoup d'artistes à vendre tant de disques. Je dois dire aussi que je m'étais habituée au rythme effréné de Montréal. Je suppose que je devais le faire tôt ou tard, car l'être humain s'ajuste naturellement à presque tout. Être nommée Révélation de l'année a accéléré ce processus d'adaptation. Car, il faut bien le dire, la gloire est très enivrante.

J'ai donc monté mon premier vrai spectacle. J'ai engagé mes propres musiciens, dont Claude Aubin, anciennement de Renée & The Silverboys, et j'ai fait la tournée des plus prestigieux clubs et cabarets de la province, dont le Café du Nord, le Café de l'Est, et le motel Hélène, à Québec. Dans ce temps-là, si on avait du succès, on partait en tournée. C'était comme ça. On se rendait faire les cabarets et on travaillait environ 42 semaines par année, à raison de deux spectacles par soir en semaine et de trois spectacles par soir le week-end. C'était la seule façon de bien gagner sa vie dans ce métier, les droits d'auteur n'étant pas aussi rémunérateurs qu'aujourd'hui. Je me produisais dans chaque cabaret deux, même trois fois par année. Si, par exemple, je chantais au motel Hélène en janvier, on me réservait tout de suite pour quelques mois plus tard. Je n'étais presque jamais chez moi.

La plus grosse place où se produire à Montréal, c'était le Café de l'Est, situé sur Notre-Dame, complètement dans l'Est. C'est au cours de cette première tournée que je l'ai fait pour la première fois. N'y chantait pas qui voulait; pour faire le Café de l'Est, il fallait absolument être une vedette. Le propriétaire du Café était alors Dominique Mandanice, un Italien d'une soixantaine d'années, homme d'affaires et gérant de César et les Romains. Dans le temps, j'étais sujette aux extinctions de voix parce que je fumais la cigarette. J'avais été remplir un engagement plus tôt dans la journée à CJTR, à Trois-Rivières. C'était le dimanche.

Évidemment, rendue en soirée, je n'avais presque plus de voix. Je devais donner deux représentations de 40 minutes au Café de l'Est, mais je n'ai pu faire que 30 minutes en première partie, et 17 en deuxième. Je n'étais plus capable, je ne parlais même plus. Je suis allée dans le bureau de M. Mandanice pour me faire payer. Il était assis dans sa grosse chaise, flanqué de ses deux frères, et me dévisageait avec un sourire en coin.

«Est-ce que tu t'attends à être payée au complet?»

J'avais mal à la gorge. Je ne pouvais que chuchoter.

«Oui…

– T'as fait 30 minutes dans le premier show, et 17 dans le deuxième.»

Je commençais à me fâcher. Je chuchotais, mais avec un peu plus d'aplomb.

«Écoutez, M. Mandanice, je ne peux plus parler. Je ne suis quand même pas pour continuer sans voix!

– Je regrette. C'est 40 minutes par show. Et à part ça, il n'y avait presque personne dans la salle.»

C'était vrai. Il y avait à peine une dizaine de spectateurs. Ça m'a fait mal de penser à ça, mais c'était toujours comme ça le dimanche soir. Je me suis mise à pleurer de rage dans son bureau. J'ai vidé mon sac avec toute la fougue que ma gorge enrayée me permettait de montrer: «Là, je ne pleure pas parce que j'ai de la peine, je pleure parce que je suis enragée! Je travaille fort et j'ai gagné mon argent! Vous allez me le donner, comprenez-vous?»

Surpris, M. Mandanice m'a payée au complet. J'ai pris mon argent, je me suis levée et je suis partie. Avant de quitter la pièce, je me suis retournée vers lui: «De toute façon, vous ne me reverrez pas ici!» J'ai claqué la porte et je suis rentrée chez moi.

Le lendemain matin, Gerry Plamondon m'a téléphoné: «Renée, qu'est-ce que t'as fait là hier soir? Sais-tu c'est qui, toi, M. Mandanice?

— Ben, c'est le propriétaire du Café de l'Est.

— Non, non, plus que ça, Renée. Il est très influent.» J'étais impressionnée mais nullement intimidée.

«Ça ne me fait rien, je ne remets plus jamais les pieds là!

— En tout cas, j'espère que ça ne te causera pas de troubles.»

Deux semaines après, Gerry m'a retéléphoné. Il semblait particulièrement joyeux, comme un rescapé. «Renée, Dominique Mandanice m'a appelé et il veut que t'ailles faire le Café de l'Est!»

Il avait sûrement oublié ma promesse. J'ai dû faire ma rabat-joie.

«Il n'en est pas question, je lui ai dit que je ne remettrais jamais les pieds là!

— Mais Renée…

— Non!»

Ce petit manège a duré au moins deux mois. M. Mandanice rappelait, insistait. Gerry me téléphonait et me suppliait d'y aller, et je lui donnais toujours la même réponse. Mais comme les gérants sont dotés d'un pouvoir presque surnaturel de persuasion, j'ai finalement cédé.

«Renée, je pense que tu devrais aller faire le Café de l'Est!

— Bon, OK, OK, je vais y aller!»

Et j'y suis allée. Quand je suis arrivée là-bas, vers 15 h, M. Mandanice m'attendait dans le corridor, les bras croisés. Il avait tellement l'air bête!

«Bon, va mettre tes affaires dans ta loge et viens me voir dans mon bureau.»

J'avoue que j'ai commencé à avoir peur. Je suis allée déposer mes choses dans la loge, comme M. Mandanice me l'avait demandé, et je suis allée le rejoindre dans son bureau. Je m'imaginais des centaines de scénarios à la seconde, chacun plus douloureux que le précédent. «Vous vouliez me voir, M. Mandanice?» Je chuchotais encore, mais ce n'était pas à cause d'une extinction de voix. C'était plutôt une extinction de sang-froid!

«Entre. Assieds-toi.»

Je suis entrée. Je me suis assise. Je me sentais caler dans ma chaise. Il me fixait de son regard flegmatique. Il a glissé un bout de papier en ma direction. «Ramasse-le.»

Je l'ai ramassé.

«Ça, ma petite fille, avec le front de *bœuf* que t'as et innocente comme t'es, je *pense* que tu vas en avoir besoin.»

Je l'ai ouvert, les doigts tremblants et sur le bord des larmes.

Le bout de papier contenait tous ses numéros de téléphone personnels et autres.

À partir de ce moment-là, M. Mandanice est devenu mon protecteur. Chaque fois que j'étais dans le besoin, je pouvais l'appeler. Une nuit, au beau milieu de la crise d'Octobre, je devais tourner une scène du film *Finalement*. M. Mandanice était furieux que je mette ma sécurité en péril, car l'armée occupait la ville. Il m'a téléphonée vers huit heures. «Penses-tu que tu vas aller là toute seule? Pas question! Je passe te prendre vers 11 h.» Il est venu me reconduire sur le plateau de tournage pour minuit, et m'a ramenée à 5 h du matin chez moi. Il est resté là à attendre toute la nuit.

Un jour, je lui ai dit: «M. Mandanice, si jamais j'ai un petit garçon, je vais l'appeler Dominique.» En 1974, deux semaines après la naissance de mon fils, je suis allée le voir.

«M. Mandanice, j'ai eu mon enfant.

– Je vois bien ça, t'as plus de bedaine!

– C'est un petit garçon.

– Ah oui?

– Savez-vous comment il s'appelle?

– Non, comment?

– Il s'appelle Dominique, comme je vous l'avais promis.

– Ah ben, ma p'tite fille, tu me rends heureux…»

Je n'oublierai jamais à quel point il était ému que je lui fasse un tel honneur. Il a pleuré de joie, m'a serrée très fort, et m'a remerciée encore et encore.

CHAPITRE 5

DES GROSSESSES
NON DÉSIRÉES

MON TRAVAIL ACHARNÉ M'A FAIT GAGNER BEAUCOUP d'argent. Les clubs, les émissions de télévision et les royautés m'ont permis d'amasser une petite fortune que je me plaisais à dépenser à mesure que je la gagnais. Et pourquoi pas? L'argent entrait plus vite que je ne pouvais le dépenser. Vers la fin des années 60 et le début 70, je faisais entre 100 000 $ et 125 000 $ par année. Si j'avais envie, un beau matin, de changer de voiture, je le faisais, et au diable la négociation! À un certain moment, je faisais vérifier mon véhicule chaque semaine par un garagiste de Drummondville. J'étais toujours sur la route, et mon père m'avait dit: «Faut que tu tiennes ça en ordre, une auto.» Évidemment, j'étais la cliente favorite de ce garagiste: quand il me voyait arriver, il faisait presque une danse de joie. Souvent l'auto n'avait rien, mais les mécaniciens ne manquaient pas de lui trouver quelques défauts à corriger immédiatement… moyennant quelques centaines de dollars, bien sûr. Et moi, je payais. Et l'argent entrait. Un jour, dans un magasin de fourrures à la Place Ville-Marie, j'étais incapable de choisir entre deux manteaux que je trouvais de mon goût, alors j'ai pris les deux.

Pourquoi pas?

C'est au cours de cette période que je me suis découvert un goût pour les vêtements coûteux. J'avais tellement souffert de n'être jamais aussi bien habillée que les autres («Regarde Claudette, elle est bien habillée, elle...») que, quand j'entrais dans une boutique, je regardais d'abord les prix. Et là, j'achetais le morceau le plus cher, même s'il ne me faisait pas aussi bien qu'un autre, moins coûteux. Je nageais dans l'argent et je voulais que ça paraisse. N'empêche que je me sentais élégante et que j'aimais ça.

⁓

Mes priorités ont changé quand j'ai rencontré Jean Malo. Je savais déjà qui il était. Ancien annonceur à Granby, il était devenu animateur de l'émission *Bonsoir copains*, à Sherbrooke. Les artistes allaient régulièrement faire son émission. Nous nous sommes liés d'amitié dès notre première rencontre, nous nous sommes trouvé des affinités – comme amis.

Mais un soir d'été, lors d'un engagement au lac Brompton, j'ai vu Jean dans la foule. Après le spectacle, assis seuls sur le quai, nous avons parlé de tout et de rien jusqu'au matin. Il était drôle, tendre, et bien sûr très beau. C'est là que j'ai réalisé que je pourrais tomber amoureuse de lui. Le lendemain soir, il est revenu me voir, et c'est là que notre idylle a commencé, trois semaines avant mon 22ᵉ anniversaire.

Le jour de ma fête, j'ai reçu un bouquet de fleurs chez mes parents. J'ai lu la carte. Elle contenait trois mots:

«Je t'aime. Jean.» Je n'en revenais pas. Quand il m'a téléphoné, je lui ai demandé.

«Jean, ce qui est écrit sur la carte, c'est vrai?
– Oui.»

Nous nous sommes vus tout l'été. Je savais que j'étais follement amoureuse de lui, mais je ne pouvais chasser de mes pensées l'homme à qui j'étais fiancée. Je me sentais très coupable. Au bout de quelques semaines, je suis allée voir Léandre chez lui. Nous nous sommes assis, et je lui ai annoncé la nouvelle. Je l'ai regardé dans les yeux. J'avais peur de manquer de courage.

«Écoute, Léandre… Il m'arrive quelque chose. Je n'y peux rien, c'est plus fort que moi. Je suis tombée amoureuse de quelqu'un d'autre.»

Il était très secoué, mais il m'a rappelé ses paroles lors de mon déménagement. J'imagine qu'il s'était préparé à cette éventualité.

Léandre est décédé d'un cancer, il y a près de trois ans. J'ai été très peinée; j'avais gardé un contact avec lui, au fil des ans.

✍

Ma relation avec Jean a connu beaucoup de hauts et peu de bas, mais ces bas étaient épouvantables. Notre relation a trébuché pour la première fois au mois de septembre, quand mon père m'a engagée pour aller chanter aux Îles de la Madeleine avec lui. On y est resté 10 jours. Chaque jour, je l'appelais chez lui. Pas de réponse. Jamais. C'était comme ça: je téléphonais, et personne ne répondait. C'était terriblement angoissant. Je me demandais s'il ne lui était pas arrivé quelque chose, mais en vérité je ne faisais que découvrir le côté sombre de Jean. En effet, quand je suis revenue, j'ai fini par le joindre au téléphone.

«Renée, écoute, je n'ai pas pris tes appels parce que je veux que tu saches que c'est fini.

– Comment ça, c'est fini? Tout était beau avant que je parte, j'arrive aux Îles de la Madeleine et je ne suis pas capable de te rejoindre, et là je reviens et c'est fini? Explique-moi ça.»

Rien à faire. Il me répétait que c'était fini, merci bonsoir.

Je crois que je suis devenue momentanément folle. J'ai pris mon auto, une Chevrolet SS396, véritable bombe de la route, et si je ne suis pas morte dans le trajet qui m'a conduite à Sherbrooke, c'est que le bon Dieu veillait sur moi. C'était épouvantable, mais j'étais décidée à le voir et à lui demander des explications.

Je savais qu'il donnait un spectacle ce soir-là et qu'il devait partir tôt. Il fallait que je l'attrape quand il sortirait de CHLT. Quand j'y suis arrivée, par chance, il quittait justement l'édifice. J'ai stationné mon auto en avant de la sienne pour qu'il ne puisse aller nulle part. Je suis sortie de ma petite bombe, et j'ai fait face à cet homme complètement ébahi de me voir là.

«Là, Jean, tu vas m'expliquer ce qui s'est passé!»

Les détails de son explication sont aujourd'hui un souvenir assez vague (à l'instar des explications elles-mêmes), mais je me souviens avoir ressenti qu'il m'aimait toujours. Ç'a duré comme ça pendant plus d'un mois. Il voulait, il ne voulait plus, il voulait, il ne voulait plus. Finalement, nous avons repris. Les choses sont revenues à la normale.

Il était nébuleux et de nature très tourmentée, mais je savais qu'il m'aimait. Nous étions bien ensemble. Mes parents aimaient beaucoup Jean. Ils avaient bien aimé Léandre, mais mon père, qui voulait que je sois une vedette, ne voyait pas comment ce dernier pourrait continuer de me faire briller. Avec Jean, c'était tout différent. Il faut dire aussi que Jean était adorable et qu'il avait beaucoup d'entregent.

Je ne me souviens pas m'être disputée avec lui, sauf bien sûr dans ses grands moments d'hésitation. Dans ces instants, je sentais que je l'aimais trop. J'étais très craintive, surtout lorsqu'il était question de sa mère, à qui je ne plaisais pas beaucoup. Je dois d'ailleurs avouer que c'était réciproque – je m'en méfiais beaucoup. Mais tout cela n'était rien comparé à ce qui s'est passé en décembre 1970.

∽

Je me trouvais à Saint-Jérôme avec mes musiciens. Nous discutions du spectacle de ce soir-là quand j'ai été soudainement victime d'un malaise au ventre. Prise de douleur, je me suis levée pour aller aux toilettes. Là, je me suis rendu compte que je faisais une hémorragie. Je ne savais pas ce que j'avais. Je suis sortie des toilettes, toujours souffrante, et j'ai appelé l'oncle de Jean à Saint-Jérôme.

«Je voudrais aller à l'hôpital, s'il vous plaît.»

Il n'a pas discuté. Une heure plus tard, j'étais couchée dans un lit d'hôpital. Comme de raison, il n'y a pas eu de spectacle ce soir-là. Le médecin est venu me voir. Je me suis dressée sur mon lit. Je voulais savoir ce qui m'arrivait. Il parlait tout bas.

«Madame Martel, vous venez de faire une fausse couche.»

Je me suis recouchée.

Je ne savais même pas que j'étais enceinte.

∽

J'étais naïve. Je ne me protégeais pas pendant nos relations, et Jean n'était pas plus prudent. J'ai appris la mauvaise nouvelle à Jean. Ça l'a grandement ébranlé, et j'ai senti par la suite une certaine distance de sa part. Notre relation n'allait plus jamais être comme avant. Ça, je le savais. Ce que je ne savais pas, c'est que j'étais loin, très loin, d'être au bout de mes peines.

En février 1971, deux mois après ma fausse couche, je suis allée voir mon médecin à Drummondville. Je ne me sentais pas bien.

«Tu es enceinte, Renée.

– Hein?»

Encore. Encore enceinte. À ce moment-là, j'étais à bout de nerfs. L'expérience désastreuse de ma première grossesse était encore fraîche dans ma mémoire. De plus, je sortais de l'hôpital après un accident de la route qui, sans blesser ni Jean ni moi, m'avait forcée à l'hospitalisation pendant deux semaines, victime d'un important choc nerveux. Mon médecin a bien vu que la nouvelle ne me faisait pas plaisir.

«Tu devrais peut-être te faire avorter. Je connais une clinique à New York.»

Dans ce temps-là, c'est là qu'il fallait aller pour se faire avorter. L'avortement était encore pour moi un concept étranger, mais je savais de quoi il s'agissait, et donc que ma décision – peu importe laquelle – serait très lourde de conséquences. J'y ai réfléchi longuement, mais j'ai dû me rendre à l'évidence: je n'étais pas prête à être mère. À 23 ans, j'étais trop jeune, trop naïve et surtout trop occupée. Jean non plus ne semblait pas disposé à être père; il était sincère dans son amour, mais je le sentais trop hésitant envers moi. Cet enfant n'aurait jamais les parents qu'il mériterait.

J'ai tenté, par plusieurs moyens naturels, de provoquer une interruption de grossesse. Je prenais des bains chauds, du vin chaud, etc. Rien à faire. C'est donc le cœur gros que je suis allée à New York avec ma mère, au mois de mars. Mon père ne savait rien du but de notre voyage, qui fut très bref: avion, taxi, clinique, taxi, avion… À mon retour, les choses avaient encore changé. Jean, qui se consolait tant bien que mal de ce nouvel échec, ne pouvait s'empêcher de prendre encore plus ses distances.

Le coup de grâce devait pourtant être donné à peine un mois après cet avortement express à New York.

Un dimanche matin, fin avril, je me suis réveillée chez moi dans une mare de sang. J'ai regardé partout dans le lit, étudié les moindres détails de ce sang, incrédule. J'étais complètement engourdie. C'était mon sang.

J'ai pris le téléphone. Claudette était chez moi quelques minutes plus tard. Elle m'a emmenée à l'hôpital de Drummondville. J'ai passé la batterie de tests appropriés et, peu de temps après, un médecin au pas pressé est venu me trouver dans ma chambre.

«Madame Martel…

– Oui, qu'est-ce que j'ai, donc?

– Madame Martel, vous êtes en train de faire une fausse couche.

– Ah ben, il n'en est pas question!» J'étais soudainement hors de moi, ça dépassait la réalité. Pas encore, c'était pas vrai! «J'ai même pas eu de relation depuis…

– Depuis quoi?

– Depuis New York, où je suis allée me faire avorter, il y a un mois de ça!

– Ça veut dire, Madame Martel, que vous étiez enceinte de jumeaux. Quand vous vous êtes fait avorter à New York, un des deux devait être pris dans une trompe, et les médecins ne l'ont pas vu.»

Des jumeaux! Le comble!

Je suis restée une semaine à l'hôpital. Pendant ce temps, Jean, complètement déboussolé, est allé faire une retraite à Saint-Benoît-du-Lac. Quand nous nous sommes retrouvés, j'ai vu qu'il avait vraiment changé.

∞

Son gérant m'a dit quelques jours plus tard: «Renée, sais-tu, j'aimerais que tu ne fasses plus les premières pages des journaux avec Jean, pour l'instant.» Il faut préciser que notre relation était très médiatisée. Nous avions des amis journalistes que nous invitions chez nous. Ils venaient recueillir des propos sur notre relation, propos qu'ils étalaient ensuite dans leurs journaux. Chacun y trouvait son compte. Jean se prêtait à ce jeu autant que moi; ça a été très bénéfique pour sa carrière. D'ailleurs, en 1970, au beau milieu de notre relation, il a été élu Révélation de l'année au Gala des artistes. Je ne dénigrerai jamais le talent de Jean – il en avait beaucoup –, mais il est évident que toute la publicité entourant notre couple l'a beaucoup aidé à obtenir la faveur du public. Mais ce jour-là, son agent me demandait carrément de tenir notre relation morte. J'allais m'apercevoir que c'était effectivement ce qu'était devenue notre relation – morte.

Quelques matins plus tard, un samedi, Jean m'a dit qu'il était allé manger chez son ancienne copine. Ça m'a chicotée. Je me demandais pourquoi il la revoyait comme ça. Mais je ne lui ai rien dit à ce moment-là. Je paniquais de le voir s'éloigner de plus en plus de moi, et je ne voulais pas le distancer davantage, en l'accusant à tort (du moins, je le présumais) de me tromper.

Il devait travailler au cabaret de Granby le soir même et ensuite aller coucher chez sa sœur. Moi je passais à *Jeunesse d'aujourd'hui*. Je lui ai proposé de le rejoindre à Granby pour le voir après.

«J'aimerais mieux que tu ne viennes pas ce soir.

– Pourquoi?

– Elle va venir avec sa mère.»

Elle, c'était son ancienne copine.

«Il est où le problème? Dans le fond c'est moi que ça devrait déranger, pas elle ni toi. Moi, ça ne me dérange pas.

– Oui, mais j'aime autant que tu n'y sois pas en même temps qu'elle.

– Voyons donc, pourquoi me dis-tu ça?

– C'est que j'ai recommencé à la voir un peu…»

Là, j'ai allumé. Il était temps!

«Autrement dit, tu m'apprends que t'as recommencé à sortir avec elle. Il va nous arriver quoi, à nous deux?

– C'est ça, j'aimerais qu'on en parle.»

J'étais enragée. Pendant que les larmes coulaient à flots, j'ai mis toutes mes affaires dans mes valises et je suis allée faire *Jeunesse d'aujourd'hui* à Montréal. Le soir, un peu calmée, j'ai rappelé. Je voulais qu'on se parle.

J'étais incapable de le joindre. Il ne retournait pas mes appels ou il faisait dire qu'il n'était pas là. Je me suis dit qu'il ne me ferait pas le coup de nouveau. Le lendemain, j'ai téléphoné à Claudette.

«Emmène-moi à Granby, et ça presse.»

Je suis arrivée par surprise chez la sœur de Jean. Elle a fait le saut. Elle ne voulait pas me laisser entrer. Je l'ai regardée droit dans les yeux.

«Laisse-moi entrer.»

Elle m'a ouvert la porte. Jean était là.

Nous nous sommes assis dans le salon et nous avons finalement discuté. Nous pleurions. Il m'a expliqué qu'il préférait que nous en restions là pour le moment, que c'était mieux pour lui et pour moi.

J'avais beaucoup de rage et je lui ai dit beaucoup de choses qui dépassaient ma pensée cette journée-là.

J'ai fini par retourner chez moi, penaude. C'était une dizaine de jours avant le Gala des artistes de 1971. Nous nous sommes entendus pour nous accompagner au Gala, histoire de sauver la face devant les caméras. Je savais que nous avions une entente mais, que voulez-vous, je l'aimais, et je dois avouer que j'entretenais énormément d'espoirs pour cette soirée-là. Je croyais que nous allions pouvoir nous parler, qu'il avait peut-être changé d'idée.

Il est venu me chercher, m'a accompagnée au Gala, selon notre entente.

Une fois le gala terminé, il est parti.

Notre amour était bel et bien brisé. Tout était fini.

∽

Autant mon père l'avait aimé pendant notre relation, autant il l'a détesté jusqu'à la fin de ses jours. De son vivant, mon père n'a jamais su que j'avais perdu les enfants de Jean; il lui en a voulu de m'avoir laissée aussi brutalement.

Il n'était pas seul à lui en vouloir. Le directeur des journaux artistiques de l'époque était lui aussi tellement enragé contre lui qu'il m'a juré que les premières pages pour Jean, c'était fini. C'était à l'époque où il était vu comme le successeur de Pierre Lalonde à *Jeunesse d'aujourd'hui*. «Il n'aura pas *Jeunesse* non plus», m'avait affirmé ce directeur.

Soit je n'étais pas en état de contrecarrer ses dires, soit je ne croyais pas qu'il fût capable de faire tout ça. Je ne sais d'ailleurs toujours pas s'il s'agit de l'œuvre de cet homme-là, mais Jean a disparu du regard du public après notre relation. Il n'a plus refait de premières pages et n'a pas succédé à Pierre Lalonde à *Jeunesse d'aujourd'hui*.

∽

Avec le recul, je me dis qu'il y avait une Renée avant Jean Malo, et qu'il y a eu une Renée après Jean Malo. La Renée d'avant était douce, discrète, prenait un verre à l'occasion et aimait la vie.

La Renée d'après est devenue enragée, impolie, se droguait, s'enivrait, et elle a essayé de se suicider.

CHAPITRE 6

MA TENTATIVE DE SUICIDE

JE NE SUIS PAS RETOURNÉE DANS MON APPARTEMENT après ma séparation. Celui-ci était empreint de Jean, de son odeur; il y avait ses photos et ses posters. C'était insupportable. Je suis allée habiter chez la mère de mon amie Claudine Bachand et chez les parents de Claudette, à Berthier. En septembre, j'ai commencé à me chercher un appartement. Quand j'en ai trouvé un et que j'y ai emménagé, j'ai mis tout ce qui concernait Jean dans une boîte que j'ai remise à Mme Gaboury, la mère de Claudette.

«Gardez-moi ça. Un jour je vais vous la redemander.»

Elle l'a encore. Je ne m'en suis servie qu'une seule fois depuis, quand Musimax a produit ma musicographie.

❦

C'est cet été-là, en 1971, pendant la tournée *Musicorama*, que j'ai me suis mise à boire et à prendre de la drogue. Jean venait tout juste de me quitter; je commençais à peine à digérer cette amère défaite. Cette rupture m'avait imprégnée d'un profond sentiment de vengeance, d'agressivité. J'ai fait rager beaucoup de gens pendant cette tournée avec mes folies, dont mon gérant, Gilles Talbot. Je savais que Jean adorait mes cheveux; alors, remplie de hargne, je les avais fait couper très court par une amie, sans toutefois penser à l'impact que ce changement radical de look aurait sur ma carrière.

La Datsun 240Z venait d'être lancée. C'était une belle et puissante voiture. Je me suis levée un matin à Drummondville, chez mes parents, et je suis allée au garage Datsun du coin.

«Avez-vous ça, une Datsun 240Z grise?» Ils m'ont dit oui, et je l'ai achetée. Je ne me souviens pas du tout de son prix, mais je me rappelle n'avoir rien négocié.

Comme d'habitude, le spectacle était en soirée, mais il fallait se rendre pour 14 h à Saint-Jérôme pour notre parade traditionnelle. Mais moi, pendant que les artistes de *Musicorama* défilaient dans les rues de la ville et rencontraient le maire, j'étais sur le boulevard Métropolitain au volant d'une Datsun manuelle neuve que je ne savais pas conduire, moi qui ne connaissais que les transmissions automatiques… L'amie qui m'accompagnait s'occupait de la boîte de vitesse, et moi, de la pédale d'embrayage.

Je suis arrivée à Saint-Jérôme vers 17 h. Je n'avais dit à personne que j'allais m'acheter une voiture. Les gens ont accepté mon excuse, d'autant plus que je n'avais pas l'habitude de manquer à mes engagements. Mais ils ont dû aussi se dire que Renée commençait à faire beaucoup de choses qu'elle n'avait pas l'habitude de faire… Quelques soirs plus tard, à Joliette, j'étais comme on dit «finie». J'avais pris trop de drogues (toujours des drogues douces, soit dit en passant, comme le pot et le haschisch – je ne consommais rien de dur) et d'alcool (j'affectionnais particulièrement le gin et la vodka). Cachée dans la chambre de chauffage d'un restaurant, je ne voulais voir personne. Je pleurais. La seule personne qui a fini par entrer et me parler, c'était Donald Lautrec. J'aimais bien Donald, je lui accordais énormément de confiance.

«Renée, prends ta voiture et suis-moi, on s'en va chez toi.» En 1971, les sensibilités au sujet de la conduite avec facultés affaiblies étaient beaucoup moins développées qu'aujourd'hui.

J'ai pris le volant, chose que je n'aurais jamais dû faire. Je le suivais sur la route qui relie Joliette à Montréal quand je ne sais quelle folie m'a prise: j'ai appuyé à fond sur l'accélérateur, et j'ai dépassé Donald au volant de sa Porsche. Soudainement, tout allait très vite. Ma Datsun dévorait la route, et je continuais d'accélérer. La route défilait à une vitesse hallucinante. Un rayon de lumière est apparu dans mon rétroviseur. C'était Donald qui tentait de me rattraper. J'ai accéléré. J'avais complètement perdu la tête. J'étais rendue à plus de 100 milles à l'heure – environ 160 km/h.

Donald se rapprochait. Je voyais la lumière de ses phares grossir dans mon rétroviseur. Tout n'était devenu que lumière, paysage embrouillé, moteur.

Je savais que je pouvais mourir, je l'avais toujours su. Mais pendant un instant de lucidité où les phares ont cessé de m'aveugler et le vrombissement du moteur de taire mes pensées, j'ai eu très peur. J'ai senti mon pied lâcher prise. Les phares se sont rapprochés. Je ralentissais. Je me suis tassée sur le bord de la route. Donald m'a suivie. Son auto s'est arrêtée tout juste derrière la mienne. Il est sorti tel un policier, est venu me voir dans mon auto, m'a demandé de me tasser sur le siège du passager. Il était avec un de ses musiciens, qui a conduit ma voiture. Ils m'ont ramenée jusque chez moi.

Pour Donald, cette période a été celle où j'étais devenue une «bibitte», et il avait raison: j'avais très mal. J'ai passé l'été à pleurer, à sacrer, à m'enrager, à me saouler et à me droguer. J'ai envoyé promener tous ceux qui tentaient de me ramener à la raison.

Ç'a été mon été 1971.

∽

En août 1971, mon contrat avec Spectrum et mon gérant et producteur de l'époque a pris fin. Notre collaboration était forte, entre autres, d'un magnifique album – l'album éponyme dit «le Noir» – enregistré en 1969, et qui contenait des titres comme *Nos jeux d'enfants* (écrite pour moi par le très couru Robert Gall, père de France et auteur, parmi plusieurs, de *La Mamma*, d'Aznavour), *À demain My Darling*, et *Parlez-moi de lui*. Je n'avais pas renouvelé mon contrat, mais je n'avais pas tenté ma chance ailleurs. Personne ne négociait pour moi. Mon producteur voulait, avec raison d'ailleurs, que je signe de nouveau avec lui. Mais moi, je voulais faire ma femme d'affaires, et je laissais traîner le dossier. Tellement qu'il a demandé à Robert Demontigny, un chanteur très populaire de l'époque, de me convaincre de signer. Mais j'étais devenue têtue; je me découvrais un côté beaucoup moins affable, beaucoup plus direct.

«Robert, je vais signer le contrat, à condition que ce producteur me fasse cadeau de 5 000 $.» Celui-ci a négocié pour 4 500 $. Je le trouvais pas mal *cheap* de négocier pour 500 $, mais j'ai dit oui.

Une semaine plus tard, je revenais d'un spectacle. Le producteur m'avait donné rendez-vous vers 9 h du matin. Je me souviens que j'étais extrêmement fatiguée et que je m'étais couchée sur son fauteuil en attendant. Il m'a réveillée une fois le contrat rédigé. Je me suis levée, j'ai regardé le contrat très vite, j'ai vu le chiffre 4 500. J'ai signé.

Autre erreur.

Un mois plus tard, ce producteur a vendu mon contrat aux disques Trans-World pour 80 000 $. Je n'en ai rien touché. Il ne m'en avait même jamais parlé. Je me souviens que cela avait causé un certain émoi dans la *business*. Les gens trouvaient un peu scandaleux qu'on m'ait fait ça, mais c'est comme ça que ça fonctionnait. Le premier disque que j'ai enregistré avec Trans-World a été *Un amour qui ne veut pas mourir*, mon plus grand succès en carrière. Disons que Trans-World a été loin d'être perdante dans cette transaction, quoique la compagnie aurait pu mousser encore plus le succès de cette chanson. En effet, *Un amour…* tournait beaucoup en France. On m'avait même fait une critique très positive là-bas, dans *Jour de France*; le journaliste s'était même permis de suggérer que j'aille rendre visite aux Français. Mais la maison de disques a refusé, prétextant que le billet d'avion et le séjour dans ce pays coûteraient trop cher. Ainsi est mort dans l'œuf ce qui aurait pu être ma carrière française.

∽

Quand j'ai reçu mes premières royautés de Trans-World, je me suis rendu compte que les 4 500 $ n'étaient pas un cadeau, mais bien une avance déductible. C'est pourtant ce dont j'avais convenu avec mon gérant. C'est à ce moment que j'ai sorti mon contrat, que je l'ai lu attentivement, et que j'ai su que j'avais en fait signé pour une avance déductible. C'est certain que l'aventure de Trans-World a été pénible pour moi. Je ne peux pourtant pas blâmer le producteur de m'avoir fait ça, parce que ça marchait avec moi. J'étais la proie idéale pour un homme d'affaires. Je me souviens avoir réécrit, moi-même, environ 90 % des textes de l'album *Un amour qui ne veut pas mourir*, paru au début de 1972, et n'avoir rien récolté des droits d'édition. Pas un sou. D'ailleurs, en ce qui concerne la chanson *Un amour...* elle-même – pas l'album –, mon gérant s'était organisé pour que je ne touche que 12,5 % des droits d'édition alors que j'avais écrit tout le texte. J'aurais dû avoir environ 25 %; c'était la norme pour une version de chanson anglaise. En plus, je vendais énormément.

Mais je n'avais personne pour me guider. Tous ceux qui étaient près de moi avaient intérêt à ce que je signe ce genre de contrat, et mes vrais amis, comme Claudette, ne connaissaient pas assez les rouages du showbiz pour bien me conseiller. Je me dis souvent que si, à ce moment-là, j'avais été amie avec Michèle Richard, une bien meilleure femme d'affaires que moi, elle m'aurait sûrement brassée. La première personne qui s'est vraiment engagée dans mes affaires a été Jean-Guy Chapados, bassiste très couru et éventuel père de mon premier enfant, Dominique. Je connaissais Jean-Guy depuis quelques années et je le trouvais gentil, sans plus. La question de l'amour ne m'avait pas effleuré l'esprit.

Le 24 septembre 1971, il m'a téléphoné et m'a demandé s'il pouvait venir me voir chanter au Café de l'Est ce soir-là et me parler après le spectacle. Je pensais qu'il voulait un emploi. Jean-Guy était un excellent bassiste – encore aujourd'hui, je trouve que c'est le meilleur – mais j'en avais un très bon dans ce temps-là, Serge Blouin.

«Si c'est pour être mon bassiste, j'en ai déjà un et je le garde.

– Non, non, c'est pas pour ça. J'aimerais juste te parler.»

Finalement, il est venu voir mon spectacle et nous avons pris un verre après. Je n'étais pas très bien dans ma peau. Je lui ai raconté mes problèmes avec Jean, et il m'écoutait. Je lui ai aussi parlé de mon contrat avec mon producteur; cette histoire étant encore en développement. Jean-Guy voyait bien que je n'étais pas en forme.

«Renée, viens avec moi. Je vais prendre soin de toi, moi. Tu vas voir.»

Je suis allée chez lui ce soir-là. Nous sommes restés ensemble pendant presque cinq ans.

∽

Les journaux ont évidemment appris la nouvelle, mais je n'ai jamais voulu faire les premières pages avec Jean-Guy. Je m'étais juré, après ma rupture avec Jean, que plus jamais je n'étalerais ma vie intime dans les journaux. C'est certain que, faisant leur travail comme il se doit, les journalistes nous ont vus l'un avec l'autre régulièrement; nous donnions des spectacles ensemble, il est devenu mon bassiste attitré quelques mois après, etc. Nous ne nous cachions pas. Ma relation avec Jean-Guy a fait la manchette à plusieurs occasions, notamment quand j'ai eu mon fils en 1974, mais les journalistes n'ont jamais pu avoir le compte rendu de notre vie quotidienne de couple.

❦

Jean-Guy a commencé à travailler avec moi vers l'été 1972. Pendant les six premiers mois de notre relation, il a vu comment mes producteurs me traitaient, et il me reprochait souvent de ne pas me tenir debout devant eux. Mais moi, pour la négociation, je ne l'ai jamais eu. Les arguments me manquaient toujours, je ne haussais jamais le ton. Jean-Guy a tenu sa promesse de ce soir de septembre: il a vraiment pris soin de moi. J'avais enfin quelqu'un pour protéger mes intérêts, ce qui en faisait quelqu'un de peu apprécié par mon entourage. George Lagios ne l'aimait pas, chez Trans-World on ne l'aimait pas. Tous ceux qui, auparavant, négociaient directement avec moi pour les chansons, albums et autres devaient maintenant passer par lui. Même mon gérant ne l'affectionnait pas beaucoup.

Jean-Guy parlait plus fort que moi, ses arguments étaient souvent implacables.

Mais tout n'était pas rose chez nous. Je n'étais pas facile à supporter. Jean-Guy a beaucoup souffert de mon histoire avec Jean Malo. J'ai appris que ce dernier devait se marier en août 1972 avec sa nouvelle copine – celle pour qui il m'avait quittée. Cette nouvelle, proverbiale goutte d'eau, a fait déborder mon vase. Ma déconfiture était maintenant totale. J'ai explosé comme un volcan; en septembre, Jean-Guy et moi étions séparés pour la première fois. Nous allions reprendre trois mois plus tard, mais pas avant que je ne tente de me suicider.

∽

C'était un vendredi de septembre. J'étais seule à l'appartement de Jean-Guy, à Longueuil. Nous nous voyions encore de temps en temps. Nous vivions une séparation nuancée; c'est comme ça, parfois, surtout que dans le fond je l'aimais beaucoup, mais que j'étais tellement mêlée.

Jean-Guy m'a téléphonée. Il répétait avec Diane Dufresne. Il m'a dit qu'il finirait sa répétition vers 20 h. J'ai regardé ma montre. Il était presque 17 h. Il arriverait dans un peu plus de trois heures. Bien. C'était suffisant. Je lui ai dit OK, au revoir, et j'ai raccroché.

À 25 ans, j'avais l'impression d'avoir trop vécu. Mon enfance mouvementée, le showbiz, ma vie de jeune femme amoureuse qui n'avait pas commencé du bon pied, les fausses couches, l'avortement, l'alcool, les drogues, la séparation…

J'ai fouillé dans tout ce *melting pot* pour n'en ressortir aucune raison valable de continuer à souffrir pendant encore 25 ans. Je n'avais aucun but, aucune motivation.

J'en avais assez de la vie.

J'avais accumulé des bouteilles de Valium et de somnifères. J'en avais 48 comprimés de chaque.

J'ai pris un énorme verre d'eau et les pilules.

J'ai décroché le téléphone. J'ai appelé mon père. Toute ma vie, j'avais cherché un père, parce que le mien n'assumait pas son rôle. C'est pour ça que j'ai adoré M. Sawyer et le père de Claudette Gaboury. Mon père, ce soir, mon dernier soir, allait savoir le fond de ma pensée. De toute façon, il ne pourrait pas m'engueuler, car je serais morte le lendemain. Il a répondu. Ma mère aussi. Ils avaient chacun leur téléphone et, quand je les appelais, je parlais aux deux en même temps.

J'ai crié à mon père toutes les bêtises de mon vocabulaire, je lui ai dit que tout ce que je vivais de malheur était de sa faute, et qu'il le regretterait bientôt: «Tu vois papa, je suis en train de gober des pilules, une après l'autre, comme ça au téléphone en te parlant, excuse-moi une minute, et hop! une autre, et bon sang que tu vas le regretter.»

Ils me criaient, les deux, de raccrocher immédiatement pour qu'ils puissent faire quelque chose pour moi. Je prenais mes pilules, une à une, et je ne raccrochais pas. Après un certain temps, j'ai commencé à sentir mes muscles s'engourdir. C'était presque agréable comme sensation. Je déblatérais mes bêtises, mais je commençais à dire n'importe quoi. Je perdais la carte.

J'ai fini par raccrocher. Je ne sais pas pourquoi parce qu'à ce moment-là je ne savais plus du tout ce que je faisais. J'étais déjà comateuse.

Le reste, c'est Jean-Guy qui me l'a raconté. Il est arrivé vers 17 h 30 de sa répétition – celle-ci ayant été annulée pour une quelconque raison que je préfère attribuer au destin – en même temps que l'ambulance et le camion des pompiers que mon père avait appelés de toute urgence, sa ligne enfin libérée. Il a vu que toutes ces forces étaient déployées vers son appartement. L'appartement où je me trouvais. Une fois dans l'ambulance, on lui a dit de me tenir les yeux ouverts, sinon c'en était fait de moi.

J'ai eu huit lavements d'estomac et je suis sortie de mon coma cinq jours plus tard. Quand je me suis réveillée, je me sentais vide de tout. La première pensée qui m'a traversé l'esprit à mon réveil en a été une de résignation. Je me suis dit que si cette fois ça n'avait pas marché c'était mon destin, et que plus jamais je ne tenterais une chose pareille. Le bon Dieu viendrait me chercher mon tour venu.

Ce premier soir-là, j'ai vu *Valley of the Dolls* à la télé. C'est le film dans lequel Sharon Tate se suicide en prenant des pilules. Agréable!

Mes parents sont venus me voir à l'hôpital. Nos conversations étaient sobres et fraîches comme une brise après l'orage. Mon bail étant expiré, ils avaient vidé mon appartement. Mon père, pour me voir revenir à la maison, avait entreposé mes choses à Drummondville, près de chez lui. Il a toujours eu espoir que je retournerais chez nous.

Je suis restée à l'hôpital trois semaines. La nouvelle n'est jamais sortie dans les journaux. Un psychiatre venait me voir tous les jours et s'asseyait à côté de mon lit. Il ne me disait pas bonjour, rien; il attendait que je lui parle. Je ne lui parlais pas. Je n'ai jamais entendu le son de sa voix.

À mon départ, on m'a remis deux prescriptions: Valium et somnifères. Je les ai déchirées et les ai jetées aux poubelles dans l'entrée de l'hôpital.

Désormais, je voulais vivre.

CHAPITRE 7

LA NAISSANCE
DE MON PREMIER ENFANT

C'EST PEU APRÈS QUE JEAN-GUY ET MOI AVONS renoué. Ma vie reprenait son cours, mais pas son rythme effréné d'auparavant. J'étais beaucoup plus calme, sérieuse – plus *adulte*. On dirait que ma tentative de suicide avait atténué certaines de mes souffrances, dont celle concernant Jean Malo. Je me sentais maintenant prête à faire face à la vie.

Quelques semaines après un voyage de pêche dans le Nord avec mes parents et Jean-Guy, j'ai découvert que j'étais enceinte. J'étais tellement heureuse! Jean-Guy était carrément fou de joie. J'ai immédiatement réglé deux choses avec lui: pas question de me faire avorter et pas question de me marier. Après l'histoire de Jean, je m'étais juré que jamais je me marierais. Au début, il voulait quand même que nous nous épousions, mais j'ai tenu mon bout. Je ne sais pas si j'ai bien fait, mais c'est comme ça que ça s'est passé.

J'ai appelé mon grand ami le journaliste Pierre Trudel, et je lui ai annoncé que j'étais enceinte. Je lui ai aussi fait part de mon intention de ne pas me marier, sans toutefois lui dire pourquoi. Je voudrais ici préciser que j'ai toujours fait une différence entre raconter les détails intimes de ma vie personnelle et annoncer les grandes nouvelles, comme ma grossesse. Il faut bien comprendre que je n'ai jamais brisé ma promesse de ne pas étaler ma vie privée *de tous les jours*.

La nouvelle a été très bien accueillie par le public. Quand je faisais des émissions ou quand je rencontrais le public, les gens me disaient qu'ils étaient heureux pour moi. C'était tellement touchant. En fait, la seule personne qui n'a pas semblé respecter ma décision a été un membre de ma propre famille, un de mes cousins, qui était devenu prêtre. Quand j'étais petite et adolescente et que je faisais la tournée des sous-sols d'église et des salles paroissiales avec mes parents, les curés venaient parfois m'épier et essayer de me toucher. Disons que ma ferveur religieuse a vite pris le chemin des oubliettes. La seule personne religieuse en qui je croyais, par ailleurs, c'était ce cousin. On m'a consacré une émission spéciale à CHLT, qui s'appelait *Avec André Guy*. Cette émission de télé avait la même formule que la populaire *Avis de recherche*, diffusée quelques années plus tard, où des amis et membres de votre famille vous téléphonent où viennent vous surprendre sur place. Je suis donc allée faire l'émission *Avec André Guy* et ce fut une expérience assez agréable, quoique mon cousin ne m'ait ni téléphoné ni visité en studio. J'ai trouvé ça étrange et je me suis dit qu'il avait peut-être un engagement ailleurs. Mais une fois l'émission terminée, le réalisateur est venu me briser le cœur.

«C'est dommage, Renée, on a demandé à ton cousin de t'appeler, mais il a refusé.»

Je ne le croyais pas. «Hein? Impossible. Pourquoi donc?

– Parce que t'es enceinte mais que tu ne te maries pas.»

Ça m'a tellement blessée qu'il me fasse ça à moi, et à mon fils, que je me suis juré sur-le-champ de ne plus jamais lui parler.

∽

Je n'ai pas pris une goutte d'alcool pendant ma grossesse, et je n'ai pas fumé de drogue. J'avais cessé de fumer la cigarette en 1971, et je n'ai jamais été une «fille à drogue». Cette habitude m'est restée à peine un an.

Jean-Guy et moi avons emménagé dans une maison de Brossard. J'étais très bien entourée, et je dois dire que ma grossesse a été agréable.

En fait, je n'ai vécu que trois peurs au cours de ces neuf mois. La première est survenue quand j'ai vu que je saignais. Le souvenir douloureux de mes précédentes grossesses désastreuses était encore frais dans ma mémoire. Ne voulant pas répéter l'expérience, j'ai couru chez mon docteur. Il m'a ordonné de me tenir couchée dans un lit pendant une dizaine de jours, les jambes surélevées, faute de quoi je perdrais mon bébé. C'est ce que j'ai fait. C'était pendant une canicule. Ç'aurait pu être très pénible, mais Mme Sawyer a pris soin de moi.

J'ai vécu une autre peur le 22 décembre 1973. À l'époque, le laitier laissait dehors les pintes de lait, de grosses bouteilles de vitre épaisse, quand on n'était pas à la maison. Ce jour-là, deux bouteilles congelées m'attendaient. Quand je me suis penchée pour les ramasser, l'une des deux a tout simplement éclaté entre mes mains. J'ai dû me faire opérer d'urgence, mon pouce gauche étant presque entièrement arraché.

L'opération a duré deux heures et j'étais très nerveuse; les médecins avaient convenu qu'en plus de m'administrer la panoplie de médicaments habituels ils devaient me faire une anesthésie générale. J'avais tellement peur de perdre mon bébé à cause de ça que je leur ai fait une belle guerre dans la salle d'opération. Mais ils ont fini par me convaincre qu'ils savaient ce qu'ils faisaient. En plus, la douleur était insupportable.

J'ai eu le bras dans le plâtre pendant un mois et demi. Il m'a fallu passer tout l'hiver en physiothérapie et en ergothérapie. Je ne pouvais même pas conduire.

La troisième et dernière alarme a sonné quand je suis allée voir mon médecin un mois avant d'accoucher. Je faisais des migraines ophtalmiques depuis presque toujours, mais je venais d'en subir une enceinte, et je voulais m'assurer des traitements. Le médecin, pris de panique, m'a tout de suite fait entrer à l'hôpital. J'y suis restée cinq jours. Les infirmières venaient vérifier les battements du cœur du bébé toutes les deux heures. J'étais médusée. On ne m'avait pas expliqué pourquoi j'étais à l'hôpital. J'en ai demandé la raison au médecin.

«Bien souvent, quand on fait des migraines ophtalmiques, enceinte, c'est que le bébé est mort à l'intérieur.»

Disons que je ne l'ai pas trouvée drôle. Bon Dieu, est-ce que j'allais finir par l'avoir, cet enfant-là?

Fort heureusement, ce n'était pas le cas. Mon bébé était bien vivant et j'ai bel et bien fini par le mettre au monde, le 13 avril 1974.

Quand j'ai eu mes contractions ce matin-là, Jean-Guy m'a emmenée à l'hôpital. Anne Renée, qui était à l'époque l'épouse de René Angélil, m'avait raconté son accouchement qui avait eu lieu un mois plus tôt, et ce, dans ses plus pénibles détails. Elle m'avait tellement fait peur avec son histoire de tergiversations, de fausses alertes et d'interminables heures en travail qu'arrivée à l'hôpital, pensant que c'était une fausse alerte, j'ai dit à Jean-Guy: «Laisse la valise dans l'auto, comme ça on va avoir l'air moins fou en ressortant de l'hôpital.»

Les médecins m'ont accueillie et m'ont placée dans une salle. Une heure après mon arrivée, vers 13 h, mes eaux ont crevé. Les contractions ont commencé à se rapprocher. C'était douloureux et il était évident que j'allais avoir mon bébé. Je me suis tournée vers Jean-Guy, hagarde et la voix rauque.

«Va chercher la valise!»

Finalement, mon fils est né à 19 h 19. J'ai pensé que j'allais avoir une fille. Son nom, Virginie, ne se discutait même pas. Si j'avais un garçon, il porterait le prénom Dominique, tel que promis à M. Mandanice. Jean-Guy n'a tout d'abord pas voulu assister à l'accouchement, mais il a changé d'idée à la dernière minute. Quand il est rentré dans la salle d'accouchement, il a vu le sexe du bébé. Il a crié sa joie haut et fort dans la salle, devant tout le monde.

«Y a des couilles! Y a des couilles!» On a tous tellement ri!

J'étais folle de joie. Je ne le croyais pas. Après trois enfants perdus, je tenais enfin mon propre bébé dans mes bras. Jean-Guy était tellement heureux… Il a d'ailleurs toujours été un excellent père.

Nous avons décidé de le nommer Nicolas Dominique Chapados. Nicolas en l'honneur de l'adorable fils de Jacques Fauteux, et Dominique en l'honneur de M. Mandanice.

∽

À ma sortie de l'hôpital, les journalistes m'attendaient dehors, mais je ne voulais pas qu'on prenne Dominique en photo comme ça. Nous avons concocté un stratagème digne des plus grands épisodes de *Mission impossible*! C'est la sœur de Jean-Guy, Françoise, qui est sortie de l'hôpital avec mon fils, pendant que mon mari et moi nous échappions par la porte d'en arrière. Ç'a marché.

À partir du moment où j'ai eu cet enfant, ma vie n'a plus jamais été pareille. Enfin j'avais une personne sur qui je pourrais compter, qui serait toujours dans ma vie, qui ne me trahirait pas et que j'aimerais inconditionnellement. Qu'il arrive quoi que ce soit, cet enfant serait là pour moi et je serais là pour lui. Je venais de découvrir ma raison de vivre.

∽

Deux semaines après la naissance de Dominique, Jean-Guy et moi sommes allés à l'ouverture officielle des Studios Tempo, à Montréal. Un couple de ses amis est revenu avec nous à la maison. Nous sommes arrivés vers 21 h. Je m'endormais, alors vers 22 h j'ai dit bonne nuit à tous et je suis allée me coucher. Ils sont tous restés au sous-sol à prendre un verre et à écouter de la musique.

Dans notre maison, il y avait trois chambres: la nôtre, celle du bébé et, dans le milieu, une chambre d'amis. Le dernier boire de Dominique était à minuit. À minuit moins dix, je me suis donc réveillée pour le nourrir. En passant dans le corridor, j'ai remarqué quelqu'un aux cheveux frisés, couché seul dans le lit des invités. Je me suis dit que c'était Jean-Guy; ça lui arrivait d'aller se coucher là quand il buvait un peu trop. L'alcool agitait son sommeil et me perturbait.

La cuisine était juste en face de l'escalier du sous-sol. La lumière du sous-sol était encore allumée et j'entendais la musique de Chick Corea. C'est là que j'ai vu Jean-Guy sur le divan avec la femme de notre ami. Ils s'embrassaient. Ma première pensée, toute banale, a été: «Tiens, ça veut dire que c'est pas lui dans le lit d'invités», mais je me suis vite demandé quoi faire devant cette trahison.

Je suis allée dans la cuisine et j'ai mis le biberon à chauffer. Ils s'embrassaient encore, car ils ne m'entendaient pas. Après, ma décision prise, j'ai descendu l'escalier et j'ai dit: «Jean-Guy, je veux juste que tu saches que je vous ai vus.»

Je suis retournée dans la chambre du bébé et là il est arrivé, visiblement éméché.

«Renée, c'est pas ce que tu penses…

– Eh bien, Jean-Guy, si elle n'est pas sortie d'ici dans cinq minutes, moi je la sors par les cheveux!»

Je parlais tellement fort que ç'a réveillé son mari. Cinq minutes plus tard, ils avaient quitté les lieux.

Le lendemain, Jean-Guy parti travailler, j'ai appelé notre ami, l'avocat Jean-Marie Larivière, avec qui en passant nous avons écrit la chanson *Donne-moi un jour*, pour lui demander conseil. Il m'a suggéré de bien y penser avant de faire quoi que ce soit, étant donné que je venais juste d'avoir un enfant.

J'ai beaucoup réfléchi cette journée-là. Quand Jean-Guy est revenu de travailler, je lui ai parlé. On s'est assis et je lui ai livré ma conclusion.

«Je ne veux plus qu'on en parle, pour hier. Je n'ai pas la force, dans le moment, de partir. Mais un jour, quand je vais être sur pied, je vais m'en aller.»

L'histoire en est restée là pendant quelques années. La vie a continué, mais j'ai gardé en tête ma promesse.

∞

C'est dans la même période que Jean-Guy a commencé à prendre beaucoup plus de place dans ma carrière. En fait, il est devenu mon producteur de disques. C'est alors aussi que j'ai commencé à écrire des chansons originales. Lui composait la musique, et moi, les paroles. On adorait travailler ensemble. Cette nouvelle association a conduit à un album que je trouve encore aujourd'hui très bon, *Réflexions*, paru en 1975. Ce disque ne contenait que des chansons originales de A à Z, musique et texte. C'était la première fois pour moi. Malheureusement, *Réflexions* a souffert de textes beaucoup trop matures pour moi. Ils racontaient le divorce de notre collaborateur, Marcel Lefebvre. Des titres comme *La maîtresse*, *La reine du foyer* et *Quand nous ferons l'amour par cœur* en disent long sur le contenu. Soyons francs: *Réflexions* a été un flop. Mais nous avons toujours été fiers de cet album, et ce, malgré son échec commercial, car il venait de nous.

Jean-Guy a d'ailleurs beaucoup changé ma vie sur le plan musical, et grâce à lui j'ai rencontré des personnes comme André Gagnon et Jacques Fauteux. Avant, je ne parlais pas à ces gens-là; les chanteurs se tenaient avec les chanteurs, les danseurs avec les danseurs, les comédiens avec les comédiens, les musiciens avec les musiciens et les chansonniers avec les chansonniers. C'était ainsi; le monde artistique était divisé en cliques distinctes qui ne se mêlaient pas. Grâce à Jean-Guy, j'ai pu rencontrer toutes sortes de gens du milieu que je respectais énormément et pour qui c'était réciproque.

∞

Jean-Guy n'a pas apprécié quand Robert Charlebois m'a proposé de m'écrire une version française de la populaire chanson chantée par Glen Campbell *Rhinestone Cowboy*. C'était en 1975. Jean-Guy trouvait que c'était un pas en arrière pour moi, mais il a bien dû se rendre compte que ce n'était pas n'importe quelle version, que le texte de Charlebois était fantastique. On devait faire cette chanson-là.

La chanson s'appelait *Cowgirl dorée*. Son énorme succès me suit encore aujourd'hui.

C'est à la même période, à l'automne 1975, que j'ai fait la Place des Arts pour la première fois. Le hic, c'est que je devais faire la première partie de Jérôme Lemay, qui venait tout juste de quitter les Jérolas. Or Jérôme Lemay, aussi connu qu'il pouvait l'être au sein des Jérolas, n'avait encore rien prouvé en solo. Moi, ça faisait longtemps que je roulais ma bosse. J'avais des tonnes de succès derrière moi, comme *Liverpool, Je vais à Londres, Nos jeux d'enfants, Un amour qui ne veut pas mourir, Si on pouvait recommencer*, etc. De plus, *Cowgirl dorée* venait tout juste de sortir.

Je me suis dit que, tant qu'à donner un spectacle à la Place des Arts, je donnerais tout ce que je pourrais. Alors j'ai demandé à Mouffe, la compagne de Charlebois à l'époque, de s'occuper de ma mise en scène. Elle m'avait préparé un spectacle sobre et très efficace. L'une de mes deux choristes était France Castel, mes musiciens étaient incroyables, et mon spectacle était bourré de succès.

Pendant ce temps, Dominique avait eu 18 mois. Nous avons acheté une maison rue Kent, à Chambly. Nous avions nos hauts et nos bas, comme tous les couples, mais je dois dire que notre couple allait plutôt bien. Nos carrières respectives allaient aussi très bien, et Jean-Guy semblait changé.

Mais notre couple a subi son coup de grâce lors d'un voyage à Paris en décembre 1975, à l'occasion du méga-spectacle *Kébec à Paris*, qui réunissait Louise Forestier, Diane Dufresne, André Gagnon et Ti-Jean Carignan.

Dans la nuit du 24 au 25 décembre, nous avons tous fêté dans un hôtel près des Champs-Élysées. Vers 5 h du matin, j'en avais assez, j'étais fatiguée. J'ai demandé à Jean-Guy de rentrer à l'hôtel.

«Non, vas-y toi, moi j'ai le goût de rester.»

Bon. Un peu fâchée, je suis partie.

Le lendemain, le matin de Noël, je me suis réveillée vers 10 h, seule. Il n'était pas là. Je l'ai cherché, mais en vain; je ne l'ai pas vu de la journée. Je l'ai revu au spectacle le soir, mais je n'ai pas pu lui parler. Après le spectacle, il a disparu de nouveau. J'avais de la peine et j'étais très déçue. À Paris, le jour de Noël, seule parce que je ne savais pas où pouvait bien être mon amoureux.

Après le spectacle, nous étions un petit groupe d'artistes dans le lobby de l'hôtel à jouer au Scrabble. C'est là que quelqu'un du groupe m'a annoncé ce que tout le monde semblait savoir.

«Ouvre-toi donc les yeux, Renée. Tout le monde sait parfaitement que Jean-Guy est parti avec une des choristes.»

Quand Jean-Guy est revenu à 3 h du matin, il m'a demandé la clé de notre chambre. C'était évident qu'il avait bu. Stupéfaite, je lui ai remis la clé. Les gens n'en revenaient pas. Ils m'ont tous dit que Jean-Guy avait effectivement passé ce temps avec une des choristes du spectacle.

C'est certain que Jean-Guy avait sa version des faits. Selon lui, il ne s'était rien passé. Ce qu'il avait fait ou n'avait pas fait, je ne le savais pas, je n'étais pas là; il n'en restait pas moins que j'avais passé 24 heures toute seule à Paris pendant qu'il était avec quelqu'un d'autre. J'ai décidé, pendant ce voyage, que notre couple avait vécu ses dernières heures.

Quelques jours plus tard, je faisais une émission à Télé-Métropole. Quand il est venu me chercher en auto, je lui ai fait face.

«Tu sais, Jean-Guy, après l'histoire des Studios Tempo, quand je t'avais dit que je te laisserais un jour? Ce jour-là était hier.» Il ne m'a pas cru, et je me demande si je me croyais moi-même; nous sommes restés dans la même maison pendant deux mois.

En mars 1976, pendant des vacances à Miami avec Michèle Richard, alors devenue une bonne amie, Jean-Guy m'a souvent téléphoné et nous avons convenu, sans grande conviction, de nous accorder une autre chance. Je me disais que, bon, j'avais un enfant de presque deux ans, et que finalement tout le monde avait droit à ses erreurs.

Il m'attendait à l'aéroport à mon retour trois semaines plus tard. Nous avons repris une vie de couple pour ainsi dire normale. Peu de temps après mon retour de Miami, j'ai appris que j'avais gagné le Prix Orange de *TV Hebdo*, décerné à l'artiste la plus sympathique envers les médias. Le récipiendaire masculin, cette année-là, était Jean Lapointe.

C'est lors de la tournée *Photos Vedettes* que nous avons faite ensemble, quelques semaines plus tard, que nous nous sommes rendu à l'évidence: notre flamme s'était éteinte.

Nous avons convenu, sans l'intervention d'avocats, que j'aurais la garde de Dominique, et qu'il avait un droit de visite illimité.

CHAPITRE 8

UNE FAILLITE INÉVITABLE

J'AVAIS BEAUCOUP MOINS TRAVAILLÉ DEPUIS LA NAISsance de Dominique. Donc, avec cette baisse de régime venait inévitablement une baisse de revenu. Mais mes goûts, eux, n'avaient pas changé. J'affectionnais toujours les vêtements et les meubles dispendieux – surtout les antiquités. Je dépensais tout autant qu'avant.

Quelques mois après avoir quitté Jean-Guy, je me suis trouvé un appartement, à Saint-Lambert, que j'ai fait décorer de A à Z, et cela même si je n'en avais pas les moyens. Ç'a dû me coûter entre 8 000 $ et 10 000 $ de meubles, de peinture et de service de décoration. J'ai fait mettre de la tapisserie sur tous les murs sauf ceux de la chambre de Dominique. J'avais fait faire des literies. Il y avait des miroirs partout. C'était un très bel appartement, mais ça m'a pris des années avant de tout payer. J'ai recommencé à travailler à l'automne avec de nouveaux musiciens et un nouveau gérant, Marc Verreault, qui allait être le témoin impuissant de ma descente aux enfers.

Marc m'envoyait faire des tournées partout, et ce, dans les coins les plus éloignés de la province. J'ai donc eu besoin de gardiennes pour Dominique, mais ça m'angoissait tellement de le confier à des étrangères que je téléphonais chez moi à la moindre occasion pour m'assurer que tout allait bien. Il n'y a pas une journée où j'ai travaillé la tête en paix.

Un vendredi d'octobre, en 1976, la concierge de mon immeuble est venue me voir, très mal à l'aise. Ça faisait deux semaines que j'avais ma nouvelle gardienne.

«Madame Martel, faut que je vous dise… Vous savez, quand vous n'êtes pas là, votre petit pleure tout le temps parce que la gardienne, elle le tape.»

Je viens peut-être de la génération du châtiment corporel, mais moi, je m'étais juré que je ne ferais pas subir ça à mon enfant. Encore moins des mains d'une *gardienne*. Ce même vendredi, la gardienne est venue prendre son argent avant de quitter pour le week-end.

«Alors on se voit lundi, Madame Martel?

– Non, pas la peine. Je n'ai plus besoin de gardienne parce que je ne travaille plus.»

Ce n'était pas vrai, mais je n'ai pas été capable de lui dire ma façon de penser. Je ne savais pas me disputer avec les gens.

Mes problèmes avec les gardiennes se sont poursuivis quand je suis partie en tournée avec les Anciens Canadiens, en décembre 1976, tournée qui prenait fin en février 1977. Quelqu'un m'avait recommandé sa nièce, que j'avais engagée. Elle était gentille et bien élevée. Je la pensais correcte, mais la réalité était tout autre. Premièrement, elle nourrissait Dominique quand bon lui semblait. Elle fumait de la drogue et recevait aussi des visites très fréquentes de son amoureux. Mais ça, je l'ai su bien après.

Ce que je savais, par contre, c'était que plusieurs de mes biens disparaissaient: des marmites, des nappes, de la vaisselle, des articles de salle de bains et de cuisine... Toutes sortes de choses. Au moment de repartir en tournée, vers le 5 janvier 1977 (la tournée faisait relâche pour les Fêtes), je lui ai fait face.

«Dis donc, sais-tu ce qui est arrivé avec mes choses?

– Oui, je les ai prêtées à mon père. Il s'installe dans un nouvel appartement et il n'a pas d'argent.

– Voyons donc, ce sont *mes* affaires. J'en ai besoin.

– Oh oui, il va bientôt pouvoir s'en acheter d'autres et il va te les remettre.

– Eh bien!» C'était vendredi. Je repartais en tournée le lundi matin suivant. Elle devait revenir le dimanche soir. «Quand tu reviendras dimanche, tu me les rapporteras.

– D'accord, je te les rapporte.»

Dimanche soir, j'allais coucher chez une amie à Montréal. Nous partions à 6 h du matin le lundi. Mais vers 9 h, le téléphone a sonné. C'était elle.

«Renée, c'est juste pour te dire que je n'y vais pas.

– Comment ça tu ne viens pas? Je t'attends pour partir. Dominique dort. C'est quoi cette histoire-là?

– Ça c'est plus mon problème. Je n'y vais pas, et je n'y vais plus.»

Clic. Elle m'a raccroché la ligne au nez.

Finalement j'ai téléphoné à Jean-Guy. Il m'a suggéré un couple de mes voisins à qui l'on faisait confiance. Les voisins en question ont accepté de s'occuper de Dominique et de mes deux chats. J'ai pu partir la tête quand même un peu plus en paix.

Quand je suis revenue de tournée, j'ai trouvé une lettre d'avocat parmi mon courrier. Curieuse, je l'ai ouverte, et je suis tombée en bas de ma chaise: la gardienne me poursuivait en justice. La lettre m'accusait de l'avoir mise à la porte et me réclamait deux semaines de salaire, soit 182 $. C'était quand même beaucoup pour une fille d'à peine 20 ans en 1976. Elle était nourrie et logée, elle mangeait et buvait ce qu'elle voulait. Quel culot! En plus de me dérober mes effets personnels et de me laisser tomber à la dernière minute, elle me poursuivait. Et comme de raison, au moment où je devais être en Cour, je travaillais. C'était un lundi matin. C'était aux petites créances, alors je ne pouvais pas y envoyer mon avocat. C'est certain qu'elle a gagné sa cause puisque je n'étais pas là pour me défendre. Une semaine plus tard, vers 7 h du matin, un huissier est venu me réclamer son dû. J'ai payé.

Mes déboires ont pris un tournant beaucoup plus dramatique quand, sous la recommandation de Jean-Guy, j'ai engagé une autre gardienne. Elle gardait déjà Dominique chez son père, à Chambly, et ce dernier n'en disait que du bien. Et en effet, elle était très crédible, belle, saine, gentille et polie. J'étais aux anges, pensant avoir trouvé la perle rare. Pendant un bout de temps d'ailleurs, les choses se sont bien passées.

Un week-end, je l'ai invitée à venir me rejoindre en tournée avec Dominique. Quelle gaffe! Aussitôt arrivée, elle est tombée en amour avec mon pianiste et elle a passé tout le week-end avec lui. En soi, entendons-nous pour dire qu'il n'y a rien de problématique avec deux personnes qui se trouvent comme ça et qui tombent amoureux. Non, je dis que ç'a été une gaffe pour une tout autre raison; c'est que plus je travaillais, moins ces deux-là se voyaient. Et là, ils ont commencé à manigancer.

∽

En novembre 1977, à Baie-Comeau, un vendredi soir, j'ai téléphoné chez moi pour prendre des nouvelles de Dominique.

Pas de réponse.

Ils devaient être dehors. Un peu inquiète, mais sans plus, j'ai rappelé plus tard.

Pas de réponse.

J'ai continué à téléphoner comme ça, pendant tout le week-end. À chaque appel chez moi, chez les parents de la gardienne, chez Jean-Guy, ma crainte du début de laisser Dominique avec des étrangères remontait à la surface, comme un mauvais goût ou une nausée, et prenait le contrôle. J'avais très peur. Vendredi, samedi, dimanche, à appeler toutes les demi-heures pendant le jour, à rappeler à 3 h du matin… aucune réponse. Je sentais que quelque chose d'horrible était arrivé à Dominique.

En revenant de la tournée, le lundi soir, je me suis arrêtée chez mes parents à Drummondville. J'ai retéléphoné chez moi.

Pas de réponse.

J'ai appelé Jean-Guy. Il m'a répondu. J'ai pleuré, hystérique, et lui ai raconté mon histoire.

«Jean-Guy, je ne sais plus quoi faire, je ne trouve plus Dominique, je ne sais plus où il est!

– T'as pas besoin de t'énerver, il est ici depuis trois jours.

– Quoi? Mais pourquoi t'as pas répondu, pourquoi tu m'as fait ça?

– Cet enfant-là est toujours pris avec des gardiennes, t'es toujours partie en tournée, tu ne t'en occupes pas. Il est mieux ici. Moi, je travaille à Montréal. Tu vas me signer un papier comme quoi j'en ai la garde.»

J'étais bouche bée. Comme coup de poignard, je pouvais difficilement demander mieux. Aujourd'hui, je sais qu'il a agi de bonne foi et que c'était la meilleure chose qui pouvait arriver, et à Dominique et à moi. Mais à ce moment-là, je me suis tout simplement sentie volée. On me volait mon enfant parce que j'étais toujours en tournée… à faire mon métier… mon métier m'avait volé mon enfant. J'ai résisté trois semaines d'enfer au cours desquelles Jean-Guy a tenu son bout, mais j'ai fini par signer ce papier pour revoir mon fils.

Le soir, je suis retournée chez moi. En entrant, j'ai eu la bizarre impression d'être en vérité dans un théâtre – un vieux théâtre vide de tout sauf de son décor. La tapisserie, les meubles, les literies, oui, tout était bien en place. Mais la pièce était terminée, ou entre deux actes – les acteurs avaient joué leurs rôles, avaient quitté les lieux par la porte arrière, sachant peut-être que l'œuvre était destinée à s'écrouler, à faire un flop, et avaient laissé derrière eux ce théâtre riche en décor, mais vide de sens.

Je me suis assise. J'ai regardé mon appartement. J'ai pleuré toutes les larmes de mon corps. Mais qu'est-ce que je faisais là?

Pas de réponse.

Je suis sortie de chez moi. Je suis allée au restaurant Claude St Jean, où m'attendaient Patrick Norman ainsi que de faux amis à qui je payerais la traite. Et je me suis enivrée pour essayer de ne plus penser!

∞

Quelques semaines plus tard, Jean-Guy m'a dit: «Il paraît que quand t'es en tournée, tu couches avec des gars du coin régulièrement.» N'ayant jamais de ma vie eu d'aventure avec un gars du public, je lui ai demandé de qui venait cette information.

«De la gardienne.» La gardienne. Bon Dieu! c'était comme si le ciel s'écroulait de nouveau. Pourquoi me faire ça à moi?

J'ai rapidement fait le lien entre elle et le pianiste. Enragée, j'ai convoqué mes quatre musiciens. Je leur ai parlé dans le blanc des yeux. «Bon, là, est-ce qu'il y en a un de vous quatre qui m'a vue une seule fois, une seule minute, avec un gars quand on travaille?»

C'est sûr que trois des musiciens ont exprimé tout leur étonnement, à coups de «quoi?» et de «de quoi tu parles?». Je vous laisse deviner le seul des quatre qui ne disait pas un mot.

Je me suis arrangée pour les mettre dehors tous les quatre et réengager les trois bons le lendemain.

∞

Je trouvais difficile de ne pas voir mon fils plus souvent, alors pour ma fête en 1978, Jean-Guy m'a invitée chez lui. Il m'a fait faire le tour du quartier. «Peut-être que tu devrais avoir une petite maison de l'autre côté de la rue. Ils en construisent, là. Ça te permettrait de voir Dominique plus souvent.»

J'ai trouvé l'idée brillante, alors j'en ai acheté une. Mais comme de raison, au lieu de choisir une belle petite maison comme il y en avait tant, j'ai pris la plus grosse de la rue! La maison avait un sous-sol, un rez-de-chaussée, et trois chambres à l'étage. Et bien sûr, j'ai fait faire toute la décoration, tomber des murs, etc. Rien de trop beau pour Renée Martel.

Au moment d'emménager, je commençais à être très mal en point. Je buvais de plus en plus. J'allais souvent chez Claude St Jean; j'y dépensais en moyenne 500 $ par semaine (à force de gâter mes «amis» et de boire, ça finit par coûter cher). Quand je rentrais chez moi le soir, ma solitude était aussi grande que la maison, alors je m'achetais de plus en plus de choses. J'ai vraiment creusé ma tombe sur le plan financier à partir de ce moment-là. J'avais un ami chanteur dans un piano-bar qui avait une Cadillac Séville. Moi, j'avais une Honda Accord. Je me suis dit que si un chanteur de piano-bar possédait une telle auto, Renée Martel, la grande chanteuse, ne pouvait pas rouler en Honda. Alors je me suis acheté une voiture comme la sienne, mais blanche avec un intérieur vert céleri. Je me devais d'aller la montrer immédiatement à cet ami. Il n'a pas été impressionné outre mesure; en fait, il a carrément mis le doigt sur le problème, en me disant:

«Renée, j'espère seulement que tu n'as pas acheté cette voiture parce que moi j'en avais une.»

Voyant à quel rythme effréné je dépensais, Marc Verreault m'avait proposé de gérer mon argent. Ainsi, il gardait tous mes cachets et me donnait 150 $ par semaine. Mais que voulez-vous: j'avais des cartes de crédit et des chèques. Souvent même, je revenais de mes engagements avec de l'argent liquide et je ne lui en donnais qu'une petite partie. Il n'y pouvait rien. J'avais perdu le contrôle, mais je me sentais les reins solides, surtout que je venais d'avoir une offre d'émission de télé, qui porterait le nom de *Patrick, Renée et lui-même*. Lui-même, c'était Willie Lamothe, et Patrick, Patrick Norman. Nous avons enregistré quatre émissions, puis chacun est parti de son côté en tournée. Pendant celles-ci, la Place Longchamp, à Terrebonne, où nous enregistrions l'émission, a brûlé. Mais le pire est arrivé quand, trois jours avant de reprendre les enregistrements, Willie a subi un infarctus. Nous avons tenté de le remplacer, mais personne ne faisait l'affaire. Ainsi est née l'émission *Patrick & Renée*.

Un matin, je me suis réveillée un peu malade. J'ai regardé par la fenêtre et j'ai constaté avec effroi que ma Cadillac n'était plus là. Je me demandais encore si j'allais signaler sa disparition quand le souvenir de la veille m'a frappée de plein fouet: au milieu de la nuit, ivre et fatiguée morte, je m'étais endormie au volant et m'étais retrouvée dans un fossé en bordure de la ville. J'avais marché jusque chez moi.

J'étais la seule dans Chambly avec une Cadillac Séville blanche. Imaginez la honte quand je suis retournée sur les lieux de l'accident et que j'ai vu mon auto se faire sortir du fossé avec des dizaines de curieux qui allaient répandre la nouvelle…

∞

En avril 1979, mon amie Michèle Richard m'a invitée à passer deux semaines avec elle à Porto Rico, mais j'ai tellement aimé ça que j'ai décidé d'y rester un mois. Je voulais quand même voir Dominique pour son anniversaire, alors je lui ai payé le vol pour qu'il vienne me rejoindre. Quand il est descendu de l'avion, je l'ai vu avec sa pancarte autour du cou marquée «Dominique», et il avait ses cinq doigts en l'air.

«Maman, j'ai *cinq*!»

Il venait d'avoir cinq ans. J'étais tellement contente qu'il soit là que, quand il a débarqué de l'avion, je me suis dit que ce voyage pourrait me coûter la fortune de cent rois, je m'en fichais. Sa visite représentait pour moi le summum, et nous avons effectivement fait un très beau voyage. Mais les faits sont là: ça m'a coûté très cher, et j'ai dû tout mettre sur American Express.

∞

Je n'oublierai jamais ce lundi soir d'été, en 1979, quand je suis revenue d'une tournée de deux semaines. J'étais au plus creux de mon état. Arrivée chez moi à Chambly, j'ai débarqué mes affaires et j'ai demandé au musicien qui conduisait de me déposer au restaurant Claude St Jean.

Pour y aller, il fallait passer par la rue Kent, où habitait Jean-Guy, pour ensuite prendre l'autoroute. Quand nous sommes passés dans la rue, j'ai aperçu Dominique qui jouait avec un ami. De toute façon, je n'aurais pas pu le manquer; il criait «Maman! Maman!» et m'envoyait la main avec une joie presque féroce. Il ne m'avait pas vue depuis deux semaines.

J'avais soif.

Je me suis tournée vers mon guitariste, qui allait s'arrêter: «Non, continue.»

Au début, mon pianiste, qui était assis derrière moi, ne m'a pas crue, mais quand il a vu que j'étais sérieuse, il m'a dit sa façon de penser. «Renée, t'es sans-cœur. Je ne pensais jamais que t'étais pour faire quelque chose comme ça. Ça fait deux semaines que t'as pas vu ton fils, et tu t'en vas chez Claude St Jean à la place. T'es une mauvaise mère.»

Je n'ai pas changé d'idée; nous sommes allés chez Claude St Jean, mais les mots de mon pianiste m'ont fait sentir vraiment *cheap*, car je savais qu'il avait raison.

∽

Un soir de décembre, ma coiffeuse a voulu me faire une permanente, mais tout a mal tourné; au beau milieu du traitement, nous étions trop occupées à prendre un verre pour nous rendre compte que la permanente était en train de me brûler les cheveux jusqu'à la racine. À mon réveil le lendemain matin, j'avais une boule de laine sur la tête. J'étais effrayante à voir. J'ai téléphoné à mon coiffeur pour qu'il me les coupe un peu, mais en janvier suivant, j'ai été obligée de me raser la tête, sabotant l'essence même de mon look professionnel. J'étais en train d'enregistrer un album, *Renée Martel chante Connie Francis et Brenda Lee*. La pochette n'était pas encore conçue. Inutile de dire que j'ai dû aller m'acheter une perruque blonde. Aujourd'hui, quand je regarde cette pochette, j'ai l'impression de me voir avec une perruque en bois.

Quand mes cheveux ont repoussé un peu, la première émission que j'ai faite pour promouvoir l'album, c'était celle de Michel Jasmin. Guy Cloutier, qui avait produit le disque, était assis dans son salon, et il a vu en même temps que tout le monde que sur un coup de tête, j'avais décidé de faire l'émission sans perruque blonde et ainsi de me présenter les cheveux rasés, châtain clair avec un duvet gris. Cette apparition a gâché tous ses plans de promotion, qui respectaient l'allure de la pochette. Tout était arrangé, et moi je venais tout jeter par terre. Véritable bombe. Guy ne m'a pas parlé pendant des mois, mais ça, je m'y attendais. Ç'a toujours été comme ça avec Guy. Je le connais aussi bien qu'il me connaît. Au bout de ce temps de silence, nous nous sommes retrouvés à La Ronde lors d'une soirée-spectacle organisée par Radiomutuel. Nous nous servions tous les deux au buffet, l'un à côté de l'autre, mais il ne me parlait pas. Il faisait semblant que je n'existais pas. Alors j'ai laissé mon plat de côté et je me suis tournée vers lui. Je lui ai dit: «Guy, je t'aime et je sais que tu m'aimes. Vas-tu me faire la tête tout le restant de notre vie?»

Il m'a regardée, a laissé lui aussi son plat, et m'a serrée dans ses bras en disant: «C'est vrai, moi aussi je t'aime.» Tout était pardonné.

J'ai commencé à me rendre compte que l'alcool pouvait me nuire plus qu'autre chose. J'ai donc décidé d'arrêter de boire pendant trois mois, mais tout allait de plus en plus mal et Marc Verreault commençait vraiment à être découragé. Un soir, il m'a invitée à souper, mais ça n'avait rien d'un rendez-vous galant. Au contraire, il voulait me communiquer l'absolue urgence de ma situation. Je ne travaillais plus bien, je commençais à avoir mauvaise réputation auprès de certains promoteurs et, en plus, je dépensais à outrance.

«Renée, ça va te prendre au moins 10 000 $ si tu ne veux pas tout perdre. Ta situation est hors de contrôle.»

Quelle coïncidence, car le matin même, j'avais réservé une Lincoln Continental Towncar pour environ 23 000 $. Il n'en revenait pas.

Le lendemain, je suis retournée au garage où j'avais acheté ma Lincoln. Marc m'avait fait entendre raison; je ne pouvais pas me permettre cette automobile. Alors j'ai fait réserver une voiture qui coûtait 10 000 $ de moins, une Mercury Grand Marquis tout équipée. Je n'avais même pas les moyens de me payer une Volks usagée. Je ne voulais pas accepter que j'étais aux prises avec de tels problèmes.

C'est pendant cette période que Dominic Scicente, un ami et producteur de disques, m'a finalement conseillé de faire faillite. Il m'a présenté son avocat et nous avons tout mis en place. Tout le monde courait après moi.

À ce moment-là, je faisais affaire avec la Banque de Commerce. Je suis allée voir le gérant de banque pour lui dire que je ne pouvais pas payer mes factures. Je le revois encore aujourd'hui, assis derrière son bureau, lançant son crayon dans les airs et le rattrapant. Il faisait toujours ça.

«Renée, sais-tu à quel point t'es dans le rouge? Tu dois presque 20 000 $ à la banque.»

Je ne m'occupais tellement pas de mes affaires que je n'avais aucune idée du montant. Je suis restée surprise. Le gérant de la banque a voulu me faire signer un papier attestant officiellement que je lui devais bel et bien ce montant.

Dominic ne voulait absolument pas que je signe ce papier-là. J'ai décidé de l'écouter, et je me rappellerai toujours la réaction du banquier quand je lui ai dit que je ne pouvais pas signer son document. Il m'a dit: «Si t'as mangé ces dernières années, toi, c'est pas mal grâce à moi. C'est ça que tu fais pour me remercier?»

Oui, je me trouvais ingrate, mais je n'avais pas le choix. Je n'ai jamais eu l'occasion de lui reparler.

J'avais ma maison à Chambly, mon auto, une Econoline pour transporter mes musiciens et leur équipement, tous mes biens. Je commençais déjà à me faire enlever mes affaires. Un vendredi, vingt minutes avant que je parte chanter tout le week-end, deux huissiers se sont pointés chez moi. «On s'en vient chercher l'Econoline.»

J'ai essayé de négocier.

«Écoutez, elle est remplie à craquer. Je dois partir maintenant. Si vous revenez lundi, je pourrai vous la remettre sans problème.

– C'est pas notre problème, Madame. Nous, on vient chercher l'Econoline.»

C'est certain que j'ai été épouvantablement en retard. J'ai dû faire sortir mes musiciens avec leur équipement. J'ai appelé Marc pour qu'il fasse quelque chose afin que je puisse me rendre à mon engagement.

C'était la débandade aiguë. C'était rendu que le gars d'American Express me téléphonait chaque jour pour me crier des bêtises. J'aurais pu le mettre dans de mauvais draps – il me traitait de vache sur mon répondeur.

∽

À l'été 1980, une journée avant de déclarer faillite, j'ai emménagé *rapido* (pour ne pas perdre mes meubles) dans une énorme maison de ferme à Richelieu que Dominic m'avait louée pour un an. Elle avait au moins 14 pièces, dont 6 chambres à coucher à l'étage.

J'ai perdu ma maison, mon auto et ma chaîne stéréo, en plus de mon camion.

J'ai fait une faillite personnelle de 125 000 $.

J'étais découragée.

CHAPITRE 9

MA DESCENTE AUX ENFERS

J'AVAIS TRÈS HÂTE DE VIVRE DANS CETTE MAISON; J'AI toujours adoré la campagne. Mais le rêve a vite tourné au cauchemar. Cette demeure, énorme et isolée, m'a accordé beaucoup trop de temps de réflexion. Je faisais le bilan de ma vie et de ma carrière, seule dans cette maison, et ça me décourageait. J'avais 33 ans. Ma carrière avait pris une sérieuse débarque. Je n'avais plus mon fils; Dominique avait peur d'y venir et n'a jamais voulu coucher dans sa chambre d'en haut. Je n'avais peut-être plus de dettes, mais je n'avais plus rien non plus, et je ne savais pas comment me refaire.

À 19 h, j'étais la seule des environs à avoir encore de la lumière dans sa maison. Tous les habitants étaient couchés à cette heure-là. J'avais tellement peur dans cette énorme résidence que je commençais à boire dès la noirceur tombée. Plus je buvais, plus la peur cédait sa place; la boisson me calmait les nerfs, me les engourdissait complètement. Rendue là, je tombais. Il m'est arrivé de renverser des plantes et de disputer mes deux chats le lendemain.

J'ai quitté la maison en janvier 1981, ne pouvant plus vivre si isolée. Je me suis loué un appartement à Saint-

Lambert. Une fois encore, c'était un logis beaucoup trop vaste et trop cher pour moi. On dirait que je n'étais pas capable de me rentrer dans la tête que je devais vivre selon mes moyens.

Je n'ai pourtant pas manqué de travail cette année-là. Un ami m'a d'abord offert de coanimer des défilés de mode avec mon copain Pascal Normand. Pascal connaît tout de ma vie depuis 1968. Nous sommes toujours amis; il est comme mon frère. J'ai d'ailleurs trois grands amis dans la vie: Claudette Gaboury, Michèle Richard et Pascal Normand.

Nous sommes donc partis en tournée. Le hic, c'est que je n'étais plus capable de travailler. Je n'avais plus d'énergie, j'étais complètement à plat. À Magog, j'ai appelé le même médecin qui me soignait alors que je fréquentais Jean. Je lui ai dit comment je me sentais: «Il va falloir que vous fassiez quelque chose pour moi, ça va me prendre des vitamines, n'importe quoi.» J'avais une grosse année en perspective: la tournée de mode, une autre en Ontario avec mes parents, et la tournée *La Grande Rétro*. Je devais aussi endisquer pour la première fois l'album *Un coin du ciel*, ma chanson fétiche et le plus grand succès de mon père.

Le médecin est venu me rencontrer à l'Auberge de l'Étoile, à Magog. Il m'a donné une prescription. Depuis ma tentative de suicide, je n'étais pas trop portée sur les médicaments. «Regarde, ces petites pilules grises, t'en prends une le matin et tu vas avoir de l'énergie, tu vas voir.» Il m'a aussi donné quelque chose pour me calmer le soir. Le matin suivant, j'ai pris une pilule grise, et je suis devenue une autre personne. L'énergie que j'avais!

Le problème, c'est que je travaillais aussi le soir. Vers 19 h, la pilule cessait de faire effet. Alors j'ai commencé à en prendre une autre le soir. Finalement, j'ai fait cette tournée de mode jusqu'à la fin mars. Au mois d'avril, je suis partie dix jours en tournée en Ontario avec mes parents.

Mon problème d'alcool devenait de plus en plus évident. Entre la tournée de mode et celle de l'Ontario, je donnais un spectacle lors d'un congrès animé par un ami que j'aimais beaucoup et avec qui j'allais souvent manger et voir des spectacles, Pierre Couture. Je savais que tout ne tournait pas rond avec lui car, deux semaines avant, nous étions attablés au restaurant avec d'autres personnes, et il buvait du Perrier. Je lui avais demandé ce qui se passait avec lui, je lui avais dit qu'il était rendu «plate», et il m'avait répondu qu'il était alcoolique et qu'il essayait de s'en sortir. Au congrès, c'est lui qui me présentait sur scène. Avant le spectacle, il m'a dit qu'il fallait qu'il me parle le plus tôt possible.

«Ben, je ne peux pas, je m'en vais en tournée dix jours.»

Nous étions mercredi ou jeudi et je ne partais que le lundi suivant pour l'Ontario. Il m'a dit qu'il faudrait qu'il me parle avant. Je lui ai répondu que je n'avais pas vraiment le temps. Je suppose que je ne voulais pas qu'il interrompe mon *fun* avec mes amis. Finalement, on s'est entendus pour se voir à mon retour de tournée, dix jours plus tard. Le samedi soir, il a appelé chez moi. Le message sur mon répondeur disait simplement: «C'est Pierre.» Et ça raccrochait. Je ne l'ai pas rappelé.

Le lundi matin, au bureau de Guy Cloutier, Claudine Bachand est venue me voir.

«Sais-tu ce qui est arrivé à Pierre Couture?

– Non, quoi?

– Il s'est suicidé.»

Au-delà de la monstrueuse culpabilité que j'ai ressentie – combien de fois évitons-nous des amis comme ça, par caprice – j'ai commencé à avoir très peur. Pierre s'était suicidé à l'alcool et aux pilules.

⚘

Après la tournée en Ontario, j'ai entamé *La Grande Rétro*, un très gros spectacle qui réunissait une dizaine d'artistes, des gros noms comme Johnny Farago, René Simard et mon bon ami Gilles Girard (accompagné, bien sûr, des Classels.) On a eu beaucoup de plaisir, sauf que je commençais vraiment à avoir de la difficulté: je prenais en moyenne trois pilules grises par jour, quelque chose en plus pour dormir, et je consommais de l'alcool tous les soirs.

À mon retour de *La Grande Rétro* (la tournée avait pris fin le 27 juin au Forum de Montréal), j'ai décidé de prendre une semaine de vacances. J'ai loué un chalet à Val-David. Dominique y a passé une semaine avec moi, un de ses amis et une gardienne. Je me disais que je n'avais pas la force de m'en occuper 24 heures sur 24. En plus, il trouverait ça pas mal ennuyeux d'être seulement avec sa mère. Un soir, je l'ai invité à manger en tête-à-tête au restaurant, invitation qu'il a bien sûr acceptée. Je me suis dit: «Là, il va m'aimer! Je vais l'emmener dans un grand restaurant.»

Je faisais tout ça parce que j'avais très peur qu'il ne m'aime pas. N'importe quels moyens pour qu'il m'aime sauf les bons, bien sûr, mais ça, c'est le temps qui me l'a appris. À ce moment-là, je ne les connaissais pas, ces moyens. Ce repas m'a donc coûté une fortune; tout dans ce restaurant coûtait cher, et je n'avais pas l'intention de ménager mes dépenses pour mon fils. J'ai pris un gros steak et pas mal de vin. Dominique, lui, semblait découragé; il ne comprenait rien au menu. Il a fini par prendre des cailles aux raisins parce que c'était la chose qui ressemblait le plus à du poulet. Il en a mangé deux minuscules bouchées et son repas s'est terminé là. Revenu au chalet, il a sauté sur les Cheerios. Je me suis dit: «Je viens de me taper une soirée pour lui faire plaisir, il n'a rien mangé, et regarde-le sauter sur les Cheerios. Les maudits enfants, c'est donc bien ingrat!»

Avec le temps, j'ai réalisé que, dans le fond, c'est à moi que je voulais faire plaisir, pas à lui. J'allais dans un grand restaurant et je commandais la bouteille de vin et le gros steak. Je l'aurais emmené chez McDonald's et il aurait été beaucoup plus heureux. Ce sont toutes des choses que j'ai comprises plus tard, en thérapie, mais à ce moment-là, je le trouvais ingrat.

⁂

Revenue du chalet, j'étais encore plus fatiguée. Je ne comprenais pas. J'ai demandé au médecin de mon père de me faire entrer à l'hôpital à Drummondville pour une cure de sommeil. Il m'a trouvé une chambre et le soir avant d'entrer je suis allée coucher chez mes parents. Ma chambre était au sous-sol – à côté de leur réserve d'alcool. C'est certain que j'ai sauté sur la vodka. Ma mère m'a trouvée par terre vers 2 h du matin et m'a mise dans mon lit. Mes parents étaient découragés. Le lendemain matin, je suis entrée à l'hôpital pour deux semaines. Là-bas, un ami voulait venir me voir. Je lui ai dit que s'il voulait venir, il devait m'apporter une bouteille de vodka. C'est ce qu'il a fait. Les médecins, pas fous, se sont finalement aperçus que je prenais mes médicaments avec de l'alcool.

Quand je suis sortie de l'hôpital, de nouvelles prescriptions en main, j'ai téléphoné à Marc Verreault. Je devais travailler en Abitibi la semaine suivante: «Marc, je ne suis pas capable. Impossible, je sors de l'hôpital.»

Il m'a répondu: «Je téléphone au propriétaire pour voir ce qu'on peut faire, et je te reviens.» Quelques minutes plus tard, il me rappelait.

«Désolé, Renée, toute sa publicité est faite, tu dois y aller.

– OK, je vais y aller.»

Mais je savais que j'en étais incapable. Une fois arrivée en Abitibi, je suis allée voir le patron de l'établissement et je lui ai dit que j'avais essayé de me décommander parce que j'étais malade, que je sortais de l'hôpital. Ahuri, il m'a dit: «Mon Dieu! Si ton gérant m'avait appelé, on aurait pu s'arranger autrement.»

J'aurais pu étouffer Marc Verreault!

En tout cas, j'ai fait ma semaine, mais ç'a été très pénible. Avec le tas de pilules que je prenais, toute quantité d'alcool me mettait complètement hors d'état. Le premier soir, je n'avais pris que deux gorgées de vodka en me maquillant, et déjà j'avais peine à me voir dans le miroir.

J'étais complètement ivre. Au bout du deuxième soir, j'ai commencé à vraiment perdre la carte. Je suis devenue agressive et je lançais des objets (fer à friser, séchoir, etc.) à mes musiciens en les traitant de tous les noms.

Le motel où je couchais était situé sur le bord de la 117, une route très passante. Une nuit, comme ça, je me suis retrouvée debout au beau milieu du chemin, un verre à la main, sur la ligne blanche, en jaquette à carreaux et pieds nus. Mes musiciens, fort heureusement, m'ont vue et sont venus me chercher. Le lendemain matin, ils m'ont offert des fleurs. Pour les remercier, je les ai envoyés au diable. Je leur en ai fait voir de toutes les couleurs cette semaine-là, même sur scène.

Ça ne me rentrait pas dans la tête que je pouvais être enivrée à ce point; je prenais trois gorgées et je n'étais plus là. La semaine s'est passée comme ça. Pendant le voyage du retour, j'étais très mal en point. À un moment donné, j'imagine que le chauffeur allait trop vite car nous nous sommes fait arrêter par la police, dans le parc. J'ai décidé d'aller prendre l'air. Je suis descendue, mais je suis tombée dans le fossé plein de boue et autres saletés. C'est d'ailleurs là que j'ai perdu le gros jonc carré en or que Jean-Guy m'avait offert. Je suis sortie du fossé tellement sale qu'arrivée à côté du camion, j'ai vu que le policier me regardait de travers. Il s'est penché vers un de mes musiciens: «La fille qui est là, est-ce qu'elle est avec vous?»

Et à ce moment-là, on dirait que tout s'est éclairci. «La fille qui est là...» Je me suis souvenue de qui j'étais et je me suis dit: «Ce sont mes employés. Veux-tu bien me dire où j'en suis rendue?» J'espérais qu'ils ne révèlent pas mon identité. Ils ne l'ont pas fait. Je me disais que s'il fallait que ce policier me reconnaisse, j'allais mourir de honte. Il ne m'a pas reconnue.

De l'Abitibi jusqu'à Montréal, personne ne m'a parlé. J'étais sale, j'avais froid.

Le lendemain de mon arrivée à Montréal, sur l'autoroute des Laurentides, j'ai appelé mon père d'une cabine téléphonique: «Là, c'est le temps d'être un père. Fais quelque chose, moi je ne suis plus capable. Je ne sais pas quoi faire.» Je savais que ma vie ne pouvait pas continuer comme ça. Il a dit qu'il verrait comment il pourrait m'aider.

Le lendemain, il m'a téléphoné. «J'ai parlé à Dominic Scicente, et il va s'occuper de toi. Moi, à Drummondville, je suis trop loin. Si tu veux t'aider, appelle-le.» J'ai appelé Dominic, qui m'a dit qu'il allait me trouver une maison de thérapie.

«Une maison de *quoi?*

– De thérapie, Renée.

– Ah. OK.» J'étais devenue docile.

Il m'a trouvé une maison de thérapie à Ivry-sur-le-Lac, dans le Nord. Nous devions aller la visiter et parler avec son directeur. Dans ma tête, je leur faisais une grande faveur en fréquentant leur établissement; c'est dire combien j'avais perdu le fil de la réalité.

Le directeur semblait tout savoir de ma vie. Il me parlait d'alcool et de pilules, de comportements excessifs, etc. Moi, je n'ai rien dit, mais sortie de son bureau, j'ai apostrophé Dominic Scicente.

«T'avais pas d'affaire à aller lui conter ma vie!

– Voyons, Renée, je n'ai jamais parlé à ce gars-là avant aujourd'hui.»

Je ne comprenais pas, mais c'est certain toutes les vies d'alcooliques se ressemblent. Nous traversons les mêmes épreuves, partageons les mêmes dépendances et les mêmes douleurs, frappons les mêmes murs.

Dominic m'a demandé ce que je voulais faire maintenant.

«Boire le Saint-Laurent!» Évidemment que je n'ai pas pu. Arrivée chez moi, j'ai voulu faire ma fine. Je venais de découvrir quelque chose de nouveau, d'incroyable: les pilules contribuaient à me détruire! Dehors les pilules! Je les ai toutes jetées dans les toilettes, les cinq sortes. Je n'avais jamais fait de sevrage de ma vie avant les deux semaines qui ont suivi mon geste. J'ai bien failli en mourir. Je tremblais de tous mes membres à longueur de journée. J'ai été malade à un point tel que ma concierge devait monter à mon appartement nourrir mes chats… et moi. J'étais dans mon lit, je ne me levais plus que pour aller aux toilettes. En fait, la seule *autre* chose que j'étais capable de faire moi-même, c'était de prendre ma vodka à 19 h.

Une semaine avant d'entrer en thérapie, un samedi matin, Jean-Guy est venu conduire Dominique chez moi pour le week-end. Dans ce temps-là, je devais l'accompagner à ses parties de hockey à Chambly. Il avait une partie à midi. Il était 9 h, et je me sentais encore un peu fatiguée. «Dominique, va regarder tes dessins animés, maman va se coucher une heure, et après on va manger et se rendre à ta partie.»

«OK!» Il est allé s'asseoir devant la télé.

Je me suis couchée et me suis réveillée… à 14 h. Je suis allée voir dans le salon. Dominique était encore assis devant la télé. Il n'avait pas bougé de là, pas mangé. Rien. Je me sentais tellement mal!

«Dominique, maman a passé tout droit, on ne pourra pas aller au hockey à Chambly.»

Il s'est tourné vers moi. Pour une des très rares fois, il pleurait. «Tu dis que t'as toujours hâte de me voir, tu dis que tu m'aimes, mais c'est même pas vrai! Tu te couches aussitôt que j'arrive, tu t'occupes même pas de moi!»

Sa colère était aussi blessante que justifiée, mais je ne voulais pas lui apprendre que je m'en allais en thérapie. Je lui ai plutôt dit que maman était malade et que quand elle reviendrait de l'hôpital, plus jamais elle ne se recoucherait le matin quand il arriverait. Je suis fière aujourd'hui de dire que j'ai tenu cette promesse-là. Je me suis dit que je lui prouverais que je l'aimais et que j'étais une bonne mère. Quand j'irais mieux, je récupérerais la garde de mon fils.

⁓

Le matin où Dominic Scicente m'a emmenée en thérapie, le 11 octobre 1981, j'ai rencontré mon voisin, Guy Cloutier.

«Tu t'en vas en thérapie, là?

– Oui.

– Bonne chance, ça va te faire du bien.»

Mes parents ne me parlaient plus, la majorité de mes «amis» avaient disparu, je n'avais plus de carrière, Marc

Verreault m'avait abandonnée, je m'étais réendettée de plus de 19 000 $, et mon système immunitaire était à plat. Bref, j'étais en train de mourir.

*Ma mère, Noëlla Therrien,
à l'âge de 17 ans.*

*Mes parents à ma naissance. Ce tout petit
bébé, c'est bien moi.*

Mon père, Marcel Martel, à 20 ans.

Monsieur et Madame Sawyer, qui m'ont «adoptée» pendant la maladie de mon père.

La petite Renée, à 1 an.

À 2 ans et demi,
je semble très fière
de ma petite robe à pois.

Avec Denise,
que j'ai toujours considérée
comme ma sœur.

*Sœur Lépine s'est bien occupée de moi
lorsque mes parents m'ont placée
à l'orphelinat pour un certain temps.*

*Dans ma robe blanche
de première communion.*

*À l'orphelinat,
à 3 ans et demi.
Je semble toute petite
et un peu perdue.*

*Je me suis intéressée très tôt
à la danse.
Me voici dans mon beau costume.*

*Mes débuts dans le showbiz,
à 5 ans.*

À mes débuts de chanteuse professionnelle, avec la maison de disques Météor.

La ville de Sherbrooke m'a fêtée lorsque j'ai été nommée Découverte de l'année, en 1968.

*Mon premier amoureux,
Léandre, et moi, à 18 ans.
J'ai dû le quitter pour entreprendre
ma carrière à Montréal.*

*Jean Malo et moi
étions alors
très amoureux.*

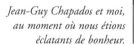

*Jean-Guy Chapados et moi,
au moment où nous étions
éclatants de bonheur.*

Jean-Guy et moi en compagnie de notre fils, Dominique, alors tout petit bébé.

Je n'ai pas passé autant de temps que j'aurais voulu avec mon fils, Dominique, mais ce jour-là on semblait vraiment s'amuser.

Ma meilleure amie, Claudette, alors qu'elle était encore toute jeune.

*Claudette et moi avons vieilli toutes les deux,
mais notre amitié a bien traversé les années.*

En compagnie de mon frère Mario, il y a environ sept ans.

Aux côtés de Mme Sawyer avec, dans ses bras, ma fille Laurence.

Mme Sawyer, quelques mois avant son décès, à 80 ans.

Mon père adorait la chasse.
Le moins qu'on puisse dire
c'est qu'il semblait très fier, ce jour-là,
devant son trophée de chasse.

Mon père, Marcel Martel, avec Laurence,
sa petite-fille adorée.

En spectacle pour Musicorama
*1968. Je venais tout juste d'être élue
Découverte de l'année.*

*Avant de devenir blonde
et de connaître la célébrité.*

*Photo officielle de promotion prise
en 1976. J'avais les cheveux un peu
plus courts et un peu plus blonds.*

*Voici le look de blonde aux cheveux longs et bien droits
que j'ai adopté à mon arrivée à Montréal, à la fin des années 60.*

*Patrick & Renée
est une émission qui
a fait trois saisons
à l'antenne
de CFTM-TV.
J'ai toujours eu
beaucoup de plaisir
à travailler avec
Patrick Norman.*

*Au fil des ans,
une belle amitié
s'est installée
entre Patrick et moi,
tant sur le plan
professionnel
que personnel.*

*Patrick et moi en compagnie du regretté Willie Lamothe. C'est ma dernière photo avec
Willie. Il est tombé malade quelques semaines plus tard.*

*Michèle Richard et moi avons fait
ensemble la tournée*
Photo Vedettes, *en 1976.*

*Michèle et moi au naturel,
sans nos costumes de stars.*

*Avec Johnny Farago,
lors de la tournée*
La Grande Rétro, *en 1981.
Johnny a toujours été quelqu'un
de bien spécial dans mon cœur.
Son décès m'a beaucoup peinée.*

En 1981, mon grand ami Pascal Normand et moi dans une tournée
où nous commentions des défilés de mode. Pascal est mon confident.
Il connaît tout de moi, même mes jardins les plus secrets.

Aux côtés du célèbre Garth Brooks,
le chanteur country qui vend le plus de disques
au monde. Un homme charmant
qui ne se prend pas pour la superstar qu'il est.

J'ai participé à une tournée
de hockey avec le légendaire
Maurice Richard,
qui avait accepté d'être arbitre.

Une des photos préférées de Pierre Dionne, un excellent photographe et un ami qui a toujours su me mettre en valeur.

La pochette de l'album
C'est mon histoire.

Ce cliché a servi à faire la promotion de l'émission télévisée que j'animais alors, Country centre-ville.

Cette session de photos a été faite pour illustrer mon album
Renée Martel chante Noël, *en 1996.*

*Au Casino de Montréal, en 1998. Alors que j'étais en répétition,
j'ai commencé à tousser et à cracher du sang. J'étais très inquiète pour ma santé.*

On m'a remis un disque d'or (plus de 50 000 exemplaires vendus) pour l'album
À mon père. *Je suis accompagnée de ma mère, Noëlla,
et d'André Di Cesare, président des Disques Star.*

*À l'ADISQ, où j'ai reçu
avec beaucoup
de gratitude un Félix
pour l'album country
de l'année 1999,*
À mon père.

À mon mariage, de gauche à droite: Pascal Normand, l'avocat Claude Archambault, moi, Michèle Richard et mon mari, Georges Lebel.

Georges et moi, après la cérémonie.

La maison de style mauresque que nous avons habitée pendant notre séjour au Maroc.

Avec quelques chèvres sur le terrain derrière chez moi, au Maroc.

Ma fille Laurence, voilée, au Maroc.

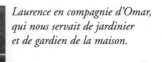

*Laurence en compagnie d'Omar,
qui nous servait de jardinier
et de gardien de la maison.*

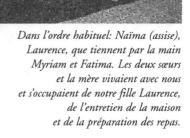

*Dans l'ordre habituel: Naïma (assise),
Laurence, que tiennent par la main
Myriam et Fatima. Les deux sœurs
et la mère vivaient avec nous
et s'occupaient de notre fille Laurence,
de l'entretien de la maison
et de la préparation des repas.*

*Fatima, portant Laurence sur son dos,
vaque à ses occupations dans la maison.*

*Georges et moi à la mosquée
qui était située tout près de notre maison.*

*Naïma est venue nous rejoindre au
Québec et y a vécu avec nous quelque
temps. Cette photo a été prise
lorsqu'elle nous a accompagnés
à une partie de pêche.*

*Je semble très concentrée à verser le thé,
vêtue de ma belle robe marocaine.*

Georges et notre fille, Laurence. Elle était alors âgée de 5 ans et demi.

En compagnie de mes deux enfants, Laurence et Dominique,
le jour de mon 49e anniversaire.

Mes enfants: Catherine, Mathieu, Laurence et Dominique, en compagnie de Naïma.

*Voici la photo officielle du mariage de mon fils,
Dominique. De gauche à droite: Monsieur et
Madame Lamarre, les parents de la mariée, Isabelle,
Dominique, ma mère Noëlla, moi
et Jean-Guy Chapados, le père de Dominique.*

*Jean-Guy Chapados et Dominique,
le jour du mariage de notre fils.*

Mes trois chats, Biscotte, Frimousse et Balou.

Mes chiens, Félix et Shemsie.

Chapitre 10

L'AVEU
DE MON ALCOOLISME

C'ÉTAIT LE 11 OCTOBRE 1981. LA MAISON DE THÉRAPIE était à la campagne, au bord d'un lac, dans un endroit très paisible. Les responsables de l'endroit étaient des toxicologues. Et comme c'est souvent le cas, ils étaient eux-mêmes alcooliques. Comme la majorité des gens, je ne suis pas arrivée en thérapie sobre. Je n'en étais pas capable. Les thérapeutes comprennent ça et y sont habitués. Nous étions une quinzaine. Je me souviens surtout que la plupart de ceux qui jasaient ensemble se disaient ouvertement alcooliques; pour eux, il n'y avait pas de gêne à avouer ça. À ce moment-là, j'avais presque honte de les entendre: je croyais qu'il ne fallait jamais avouer une chose pareille. Le premier soir, j'ai beaucoup pleuré dans ma chambre, et je me suis demandé ce que les gens du public diraient s'ils savaient que j'étais ici.

Chacun avait ses tâches: laver la vaisselle, passer le balai, etc. Nous formions comme une famille. La première chose que les thérapeutes m'ont fait comprendre, c'est que j'étais alcoolique, et que l'alcoolisme est une maladie. Ça m'a fait tout un choc de voir que toutes ces personnes qui parlaient pendant les réunions racontaient sensiblement la même histoire que la mienne. Les thérapeutes m'ont montré les trois voies qui s'ouvraient à moi: la mort, la folie ou l'abstinence totale. Je ne savais pas comment réagir à ça; c'était la première fois dans ma vie qu'on me disait que l'alcool était directement responsable de mes malheurs, et non de mes bonheurs. Je ne savais pas profiter des joies dans ma vie, sauf avec un verre ou deux dans le corps. L'alcool me déliait l'esprit, me permettait de laisser transpirer le peu d'allégresse qui m'habitait.

Mais en thérapie, j'ai dû faire face à moi-même, à mon côté autodestructeur. L'alcoolisme amplifiant les misères que j'avais vécues dans mon enfance, quand j'étais malheureuse, je l'étais excessivement, presque exagérément. Dans ces moments-là, je sentais que personne ne pouvait être plus malheureux que moi. C'est ça, le côté autodestructeur, et les thérapeutes m'ont fait comprendre qu'il faisait partie de la maladie.

Je veux souligner en passant que le succès n'a rien à voir avec l'état d'esprit. Beaucoup de gens se sont dits: «Pourquoi est-elle malheureuse? Elle est belle, elle mène une belle carrière, elle vend des disques.» Ça n'a rien à voir. Ce n'est pas ça la vie. C'est comme reprocher à un avocat d'être malheureux même si son bureau a plein de clients. C'est son métier. Même que c'est pire pour les artistes comme moi parce qu'au moins l'avocat, quand il quitte son bureau, il peut avoir la face longue, l'air déprimé, et les yeux cernés – personne ne va le lui reprocher. Mais moi, je n'avais pas le droit d'avoir l'air de ça. J'ai une photo du temps de *La Grande Rétro* avec mon fils; personne n'aurait pu même se douter que j'étais rendue au bout de mon rouleau, et c'était à peine quelques mois avant d'entrer en thérapie.

Ne pas consommer d'alcool, ça ne se fait pas du jour au lendemain. On ne se retourne pas de bord au bout de deux semaines de réhabilitation, fraîche comme une rose en se disant «je suis guérie» comme si rien ne s'était passé. Au bout de quatre jours de thérapie, je voulais m'en aller. Je me sentais craquer de partout. Ce n'est qu'après une bonne discussion avec mon ami l'animateur André Robert, aujourd'hui décédé, que j'ai décidé de continuer. Il y avait beaucoup de restrictions. Par exemple, je n'avais pas le droit de lire quoi que ce soit d'autre que la littérature sur l'alcoolisme fournie par la maison – pas de télé, pas de journaux, pas de radio. Tout était prévu pour que mon séjour en soit un de profonde réflexion, de recueillement. Quand je suis sortie, j'étais dans les nuages. J'étais tellement heureuse! J'avais découvert quelque chose d'extraordinaire. Ma vie a tranquillement recommencé.

❧

Ma thérapie a pris fin le 26 octobre 1981. Je suis retournée voir Marc Verreault en lui promettant de bien travailler et de ne pas le décevoir. Marc était bien sûr très content, mais mon succès ne dépendait pas uniquement de lui; ça prend plus que deux semaines pour réparer ses gaffes. Ma réputation avait beaucoup souffert de mon alcoolisme. J'en ai donc beaucoup arraché jusqu'à ce que Marc me déniche un contrat avec Radiomutuel pour que je passe à *Balconville*, une émission radiophonique très populaire qui consistait à faire chanter les artistes sur la galerie de personnes qui avaient gagné des concours à CJMS. Radiomutuel voulait faire un dernier *Balconville* à Miami, sur la plage. C'était en décembre 1981, quelques mois à peine après ma thérapie. Pour cet engagement, nous étions une foule d'artistes dont Nathalie Simard, Jacques Salvail, Johnny Farago, Robert Charlebois et Michèle Richard.

Un soir, peu après mon arrivée, j'ai senti une main se poser sur mon épaule et la serrer avec affection. Je me suis retournée et j'ai vu un vieil homme, se soutenant sur une canne, qui me regardait, les yeux pleins d'eau. C'était Dominique Mandanice. J'étais tellement heureuse de le revoir! Il m'a demandé comment, maintenant qu'il habitait Miami, je faisais pour m'arranger sans lui.

«J'espère que tu ne fais pas de bêtises, parce que je ne suis plus là pour te protéger!»

J'ai ri, et nous avons parlé pendant au moins une heure. Je ne me doutais pas que ça serait la dernière fois que je le verrais. En effet, M. Mandanice est décédé quelque temps après.

✍

J'étais la seule qui n'était pas accompagnée. Je me trouvais dans la loge commune avec tout le monde quand mon ami et directeur de la programmation à CJMS, Jacques-Charles Gilliot, m'a tapé sur l'épaule en me disant: «Renée, j'aimerais te présenter mon patron, Georges Lebel.» En me retournant, je me suis dit que son patron devait avoir un certain âge, être plus vieux que moi d'une dizaine d'années. Mais quand j'ai vu l'homme d'à peu près mon âge qui se tenait à côté de lui, avec sa barbe noire, ses cheveux en bataille, les mains dans les poches, j'avais peine à le croire. Jamais de ma vie je n'avais eu un coup de foudre. Jamais avant cet homme. Mon cœur a complètement chaviré et je me souviens très bien avoir espéré qu'il ne s'en soit pas rendu compte.

Pendant les cinq années qui ont suivi ma rupture avec Jean-Guy, Michèle Richard a toujours essayé de me «matcher» avec d'autres hommes. Elle était presque fatigante avec ça – elle voulait me trouver un chum. Elle ne pouvait pas concevoir que je vive toute seule. Pour elle, ça n'avait pas de sens. Sans me laisser douter de quoi que ce soit, elle pouvait m'inviter comme ça à manger un soir. D'un coup, elle m'arrivait avec un gars que je n'avais jamais vu de ma vie, et c'était mon chum pour la soirée. Disons que certains ont compris moins vite que d'autres que je n'étais pas intéressée.

Je suis allée voir Michèle immédiatement après ma rencontre avec Georges. «Tu vois, là? T'as pas besoin de m'en présenter des gars, *lui* il me plaît.» Mais Michèle le connaissait, le show-business au complet le connaissait sauf moi. J'avais même déjà mangé à sa table cinq ans auparavant, mais je ne me souvenais pas de lui.

J'étais sobre et je voulais le rester, mais je n'étais pas habituée à ce genre d'émotion forte. J'avais tellement peur qu'il se rende compte qu'il m'avait fait de l'effet! Ce soir-là, on a conversé très poliment. On se vouvoyait presque. Il m'a entre autres demandé mon signe astrologique. N'importe quel autre homme m'aurait posé cette question que je l'aurais trouvé épais, mais pas lui; il dégageait une intelligence hors du commun. Je lui ai dit que j'étais Cancer ascendant Vierge.

«Ah oui? Dis-moi à quoi ça ressemble un Cancer ascendant Vierge.» J'ai essayé tant bien que mal de me décrire. Le lendemain soir, à un gros bal qui réunissait tous les artistes, j'étais assise au bar avec mon amie Colette Roger, qui formait (et forme toujours) un couple avec Jacques-Charles. Georges est apparu derrière nous et a commencé à parler avec Colette, qu'il connaissait très bien puisqu'il était son patron. Elle et moi sommes toutes les deux nées un 26 juin, chose qu'elle s'est empressée de lui faire remarquer. Mais elle a pensé à quelque chose d'autre.

«Et toi, Georges, t'es pas Cancer toi aussi?

– Oui, Cancer ascendant Vierge.»

Je suis devenue tellement gênée… D'abord je lui aurais arraché la tête de m'avoir fait parler comme ça la veille. Colette a poursuivi: «Comment vont ta femme et tes enfants?» Georges était marié et il avait deux enfants, Mathieu et Catherine, respectivement âgés de cinq et sept ans.

Nerveuse, j'ai commandé une vodka, et une autre.

Et une autre.

⌀

Cette rechute a duré près de cinq mois.

En février 1982, je suis allée voir Marc Verreault. Je devais 20 000 $.

«J'ai des dettes à payer, et je voudrais que tu prennes tous les contrats qui se présentent.

– Tous?

– Tous.»

Cette année-là a été très pénible. J'ai fait des tournées partout en province, dans le fond des campagnes. J'ai même donné un spectacle un soir à La Malbaie où la première partie était assurée par un danseur nu. Ça m'a tellement découragée! J'étais rendue dans un bar de danseurs nus… J'ai appelé Marc.

«Tu sais, Marc, quand je te dis tous les contrats…» Mais Marc n'y pouvait rien; les propriétaires de salles ne lui disaient pas toujours tout. Moi j'arrivais sur scène avec ma belle grande robe et j'essayais par tous les moyens d'être élégante, de donner un bon spectacle, et surtout de ne pas boire. Parfois ça marchait, parfois pas. Au mois de mai 1982, j'ai retéléphoné à la maison de thérapie en pleurant et j'y suis retournée en juin pour trois semaines. Cette fois-là a fonctionné pour moi. En juillet, Gilbert Morin et André Di Cesare m'ont proposé un projet de disque. Je connaissais André depuis 1966, du temps de Renée & The Silverboys. On a commencé à travailler au projet pour de bon en automne. Ce disque allait porter le nom *C'est mon histoire*.

En novembre, Marc m'a envoyée aux Îles de la Madeleine. Une fois arrivée là avec mes musiciens, je me suis fait montrer ma chambre. Celle-ci était au-dessus du club. Pour accéder au club et donner mon spectacle, il fallait que je passe par-dehors, que je descende un escalier et que je cogne à la porte des cuisines. Il ventait et pleuvait. Je rentrais toujours les cheveux décoiffés et mouillés. Le dimanche soir, au dernier spectacle, il restait trois personnes dans la salle: une fille d'environ 16 ans (qui n'avait pas d'affaire là de toute façon parce qu'elle était trop jeune) et ses deux amis. Ivres, ils ne m'écoutaient pas. En plus, quand je chantais *Liverpool* en 1968, elle n'était même pas dans les pensées de son père. Ses deux amis non plus ne connaissaient pas mon répertoire. Ils s'en foutaient, et il ne me restait qu'eux comme public ce soir-là. J'avais un avion à prendre le lendemain matin à 6 h 30. À 4 h du matin, j'étais toujours incapable de toucher mon cachet, parce que le patron était saoul et me renvoyait à sa femme. C'est elle qui s'occupait de ces choses-là, selon lui. Quand j'allais voir sa femme, elle était complètement grisée et me renvoyait à son mari. C'est lui qui s'occupait de ces choses-là, selon elle. Je n'ai fini par avoir ma paye qu'en apostrophant joyeusement le patron. J'étais tannée. Une fois dans l'avion, je me suis adressée à mes musiciens.

«Les *ceuzes-là* qui veulent continuer à faire du club, vous avez terminé avec moi hier. Je n'en fais plus jamais un.»

Arrivée à Montréal, j'ai annoncé ma décision à Marc. Il ne me croyait pas – ça ressemblait à un joyeux coup de tête. Mais c'était mal me connaître. J'en ai remis: «Marc, je vais même rouler mes cennes noires avant de retourner faire un club.»

En février 1983, je suis arrivée à la banque avec un sac de papier brun rempli de cennes noires roulées. Il y en avait pour 50 $.

J'en ai arraché après cette décision, mais je n'ai plus jamais fait de club.

J'ai crevé de faim, mais j'étais heureuse parce qu'avec le contrat des Îles, j'avais fini de payer mes dettes. En fait, soyons honnête, il me restait une dette envers Marc Verreault. Il avait payé mon loyer plusieurs fois; la somme totalisait quelques milliers de dollars. Je ne lui ai jamais payé ma dette; j'ai mis des années à me remettre de ma faillite et quand j'aurais pu le rembourser, je l'avais perdu de vue.

∽

Toujours pendant la même période, en 1982, je ne travaillais plus, je n'avais toujours pas d'amoureux, et en plus je vivais tant bien que mal mes premières Fêtes sans boire. Donc, quand André Di Cesare m'a proposé d'enregistrer *C'est mon histoire* pendant les Fêtes, j'ai accepté avec joie. Mais au jour de l'An, je suis allée voir mes parents, et là j'ai consommé un peu; j'ai pris deux ou trois bières (je ne voulais plus consommer de boissons fortes). Ma sobriété de quelques mois était au diable, mais je me sentais encore forte. Pendant l'hiver, j'ai emménagé dans un logement plus modeste à Saint-Lambert. Enfin, je vivais selon mes moyens, et je dois dire que j'ai beaucoup aimé cet appartement-là. Et enfin, j'étais devenue sobre depuis le 13 janvier 1983.

L'album *C'est mon histoire* a connu un succès foudroyant. Les gens étaient contents de me voir revenir, et j'étais contente de les retrouver. Ma carrière presque morte vivait une renaissance que je n'avais jamais osé espérer. Parmi les nombreuses entrevues que j'ai accordées pour promouvoir ce disque, j'en retiendrai toujours une en particulier, non pas à cause de son déroulement, agréable mais peu mémorable en soi, mais parce qu'elle a changé ma vie.

En mars 1983, j'étais à Québec avec mes parents car nous chantions ensemble une des chansons de l'album, *Nous on aime la musique country*. Mon père avait un peu de misère à vivre cette nouvelle situation. Sa joie de me voir remporter du succès et de revenir sous le regard du public était teintée d'une certaine tristesse à se voir imposer un rôle secondaire, le rôle du *père de*, au lieu que ça soit moi qui sois *la fille de*. En effet, un immense panier de fruits avec des fleurs m'attendait dans ma chambre. Pour lui, rien. Ça lui a fait de la peine et il a réagi en me disant que lui aussi était une vedette et qu'il connaissait autant de gens influents que moi. Je comprenais sa déception – ç'aurait été gentil de la part des organisateurs de le faire sentir bienvenu. Il n'en restait pas moins que nous faisions la promotion d'un de mes disques.

⁂

Assise dans mon lit le soir, je feuilletais le magazine *Ici Québec* quand je suis tombée sur une entrevue avec Georges Lebel. À ce moment-là, il était vice-président de Cablevision National (entreprise qui allait devenir le Groupe Vidéotron). L'article était accompagné de quelques photos que j'ai découpées, presque en cachette, et placées dans mon portefeuille, où elles se trouvent encore aujourd'hui. J'avais toujours voulu qu'il me rappelle, et j'avais attendu en vain. Et j'apprenais ce soir-là, presque un an et demi après notre rencontre, qu'il vivait et travaillait à Québec.

Le 6 juin 1983, j'ai eu un message de Georges sur mon répondeur. Il voulait que je le rappelle. Ma réaction a été franchement bizarre; je n'ai pas retourné son appel. J'étais nerveuse et j'avais peur de le revoir. C'est Colette Roger qui m'a ramenée à la raison: «Renée, t'as reçu un appel de Georges?» C'est d'elle qu'il avait eu mon numéro.

«Oui.

— Tu ne l'as pas rappelé?

— Non, c'est lui qui va me rappeler!

— T'es ben nouille! Appelle-le!»

Parfois, ça n'en prend pas plus. J'ai téléphoné à son bureau. C'est sa secrétaire qui m'a répondu. J'ai demandé à parler à Georges et je me suis nommée.

«Est-ce qu'il vous connaît?

— Écoutez, Mademoiselle, je retourne son appel. J'espère qu'il me connaît.» Air bête comme quinze.

Bref, il a pris le téléphone et m'a invitée à manger le lendemain soir. C'est là qu'il m'a expliqué qu'il avait vu l'entrevue que j'avais accordée à la station communautaire et que ça lui avait rappelé qu'il m'avait bien aimée lors de notre rencontre à Miami, en 1981. Il m'a parlé de son mariage, qu'il était en fait séparé de sa femme. Je lui ai parlé de mon récent cheminement, de ma sobriété. C'était clair que nous avions des affinités, et à partir de ce soir-là, nous avons commencé à nous voir.

Mais autant j'étais lasse d'être seule et j'avais la certitude que cet homme-là était le bon pour moi, autant j'avais peur. J'avais peur qu'il vienne bouleverser ma vie. Je mangeais à l'heure qui me plaisait, je sortais et rentrais à ma guise, je me couchais et me levais quand bon me semblait... Je faisais ce que je voulais, quand je le voulais. En plus, quand j'ai arrêté de consommer, je me suis sentie libre. Je n'étais plus accro à rien et je ne me sentais plus coupable. Je commençais à peine à vivre.

Ça m'a pris deux mois avant de décider que Georges en valait largement la peine.

Chapitre 11

Succès et amour retrouvés

L A DEUXIÈME PARTIE DE L'ANNÉE 1983 M'A COMBLÉE de joie, en tout cas sur le plan professionnel. Mes thérapies et le succès inespéré de *C'est mon histoire* ont fait de moi une personne et une travailleuse beaucoup plus mature. Mon look allait de pair avec cette transformation; j'avais l'air plus femme, plus sereine. En plus, j'étais sobre: je ne buvais pas et je n'avais aucune envie de boire. J'avais la force de continuer dans le droit chemin. J'étais très fière de moi et de ce que j'étais devenue.

Plus tôt la même année, un ami m'avait conseillé de révéler aux médias que j'avais un problème d'alcool avant que la nouvelle ne se fasse connaître par la voix de quelqu'un d'autre. Sa crainte était justifiée puisqu'un journaliste m'avait déjà invitée à commenter la rumeur selon laquelle j'avais séjourné dans une maison de thérapie (bien entendu, j'avais tout nié). J'ai donc suivi le conseil de cet ami, et c'est en mai 1983 que j'ai accordé une longue entrevue au magazine *Le Lundi*. Ma révélation a pris les gens par surprise car, comme je l'ai déjà dit, je ne laissais pas paraître mes problèmes. Mon père m'avait formée ainsi.

Peu de temps après, une maison d'édition m'a proposé d'écrire un livre sur l'alcoolisme. J'ai donc passé une bonne partie de mon automne à travailler sur cet ouvrage, qui allait porter le nom *Renaissance*. Toute une thérapie!

En fait, mon automne a carrément regorgé d'émotions, parce qu'en plus de travailler à *Renaissance* et de faire mon lot d'émissions de télé, *C'est mon histoire* a reçu le Félix de l'album country de l'année. C'était bien sûr au gala de l'ADISQ, à la fin d'octobre 1983. Ce trophée représente pour moi une victoire énorme sur beaucoup de choses. Je n'aurais jamais pensé, un an ou deux avant, me retrouver là. Quand je suis entrée en thérapie en 1981, j'étais finie. Voyez-vous ma tête si quelqu'un m'avait dit: «Voyons donc, Renée, fais-toi-z-en pas! Dans deux ans, tu vas avoir un Félix entre les mains, tu vas être sobre et tu vas te retrouver devant du monde qui va t'aimer et t'applaudir»? Ce soir-là, c'est tout ça qui me revenait dans la tête. La soirée où j'ai remporté ce Félix, j'avais vraiment l'impression de renaître.

∽

Côté personnel, c'était plus houleux. Autour du mois de mai, le même mois où j'avais révélé ma maladie au *Lundi*, j'avais mystérieusement commencé à maigrir. Je dis «mystérieusement», car je ne faisais aucun effort pour perdre du poids; je ne suivais aucun régime alimentaire et ne faisais pas plus d'exercice physique qu'à l'accoutumée. Au début je trouvais ça intéressant, la mode étant au physique «planche à repasser».

Ma relation avec Georges devenait de plus en plus sérieuse, et la prochaine étape logique était d'avoir un coin à nous (il partageait encore une maison avec la mère de ses deux enfants), mais cette éventualité me faisait peur; lui n'avait jamais vécu seul, et moi j'y étais très habituée. Et effectivement, notre premier automne ensemble a été marqué par la tergiversation et par l'hésitation que chacun de nous avait à faire un pas décisif vers l'autre... En fait, tout simplement par la peur.

Pendant ce temps, je continuais à maigrir à vue d'œil. Mon père trouvait que j'avais l'air d'une grande échalote. Tout le monde croyait que je devenais anorexique, ce qui n'était pas du tout le cas. En fait, je ne peux pas déterminer la cause de ma perte de poids, car je n'ai jamais enquêté là-dessus. Je ne me sentais pas malade, je ne souffrais pas de maux de tête ou de nausées, et je mangeais normalement. Il n'en reste pas moins que rendu au mois d'août, quand mes vêtements étaient tous devenus trop grands pour moi et que je me suis rendu compte que je pesais maintenant 110 lb, j'ai commencé à trouver ça un peu moins drôle... J'ai été obligée de m'acheter du 6 ans, et j'ai continué à perdre du poids.

Les Fêtes venues, Georges avait décidé de passer du temps avec ses enfants et leur mère. C'était la bonne décision à prendre pour lui, mais moi j'ai passé des Fêtes extrêmement pénibles. Je me suis dit que ça me ferait du bien de prendre des vacances, de m'éloigner un peu, alors j'ai téléphoné à mon ami Johnny Farago, qui travaillait à Miami, et je me suis arrangée pour y aller. Le 1er janvier au soir, j'ai téléphoné à Georges pour lui dire que pour moi notre relation était terminée, que je n'étais pas capable d'investir le peu d'énergie que ma bataille avec l'alcool m'avait laissée dans une relation angoissante. Le matin du 2 janvier 1984, jour de mon départ pour Miami, je pesais 97 lb.

Miami m'a fait énormément de bien. En fait, dès que l'avion a décollé de Montréal, je me suis sentie beaucoup mieux, soulagée. J'ai vécu la première journée là-bas comme un rêve. Je me suis dit que j'étais ici pour rire, engraisser (!), m'amuser, respirer et possiblement oublier ma relation. J'aimais Georges, mais à l'âge que j'avais et avec tout ce que j'avais vécu, je n'étais pas prête à remettre ma santé émotionnelle en péril pour une relation amoureuse. Je venais de passer sept ans seule, et j'étais parfaitement capable de continuer ainsi. Même si je l'aimais, j'étais prête à l'oublier. De toute façon, si c'était bel et bien l'homme de ma vie, il me reviendrait.

Le lendemain matin, 3 janvier, je rentrais dans ma chambre d'hôtel quand le téléphone a sonné. C'était Georges. Je ne lui avais pas dit dans quel hôtel j'étais, mais il m'avait trouvée. Il voulait qu'on se parle.

«Écoute, ça se fera à mon retour de Miami, à la fin de janvier.

– Non, j'aurais aimé te parler… à Miami.»

Je ne le croyais pas. Il est arrivé le 13 janvier pour marquer ma première année de sobriété. Quel cadeau!

Georges avait un ami qui habitait dans les Keys, vers Key West. Il m'a proposé d'aller là-bas. Nous avons loué une Mustang décapotable noire avec l'intérieur en cuir rouge. Quel beau *trip* d'adolescents! J'ai encore les photos de ce voyage (j'ai l'air d'un clou, mais peu importe). Nous avons été à la pêche en haute mer avec son ami. J'ai adoré Key West, et j'ai adoré Georges.

Au retour, nous avons définitivement repris notre relation, et je dois dire que les deux années qui ont suivi, soit 1984 et 1985, ont été merveilleuses pour moi, tant sur le plan personnel que professionnel.

∽

En rentrant de Miami, j'ai constaté que Gilbert Morin, le représentant des Disques Star, m'avait laissé un message sur mon répondeur m'annonçant que je faisais la Place des Arts au début de février. J'ai longuement hésité avant d'accepter, car je ne me sentais pas à la hauteur et c'était beaucoup trop vite; nous étions le 22 janvier. Je ne me sentais pas prête pour ce genre de saut (il ne faut pas oublier que depuis ma décision d'arrêter de faire du club, je n'avais pas beaucoup travaillé.) C'est finalement André Di Cesare qui m'a convaincue de relever le défi.

J'ai demandé à mes parents de faire le spectacle avec moi, *Nous on aime la musique country* étant devenue une incontournable de l'album *C'est mon histoire*, et ils ont accepté. Mais *Renaissance* est paru deux semaines avant mon spectacle, et j'avoue que dans ce livre-là je suis un peu trop dure avec mon père. Je l'accuse surtout d'être le principal responsable de mon problème d'alcool. D'ailleurs, si ce livre était à réécrire, il serait bien plus près de la vérité aujourd'hui; au moment de sa rédaction, je n'avais pas pris assez de recul face à mon problème, et j'avais tendance à blâmer les autres, surtout mon père, pour tout ce qui m'était arrivé. Celui-ci ne voulait maintenant plus rien savoir de la Place des Arts. Pour le convaincre, j'ai été obligée de parler avec lui longtemps, de m'excuser. Il a fini par accepter de nouveau, mais avec des réserves. Pourtant, quand arrivait le moment où je devais le présenter sur scène, c'était avec énormément d'amour et d'affection. Je voulais tellement qu'il se sente bien! Le livre lui avait fait beaucoup de peine.

J'avais un autre problème. Mon livre sur l'alcoolisme venait de paraître et je présentais un spectacle qui s'appelait *C'est mon histoire*. Je ne voulais pas que mes déboires prennent le dessus sur cette belle occasion de faire plaisir tant au public qu'à moi. Je ne voulais pas que la soirée tourne au mélodrame mais, en même temps, je ne pouvais pas éviter le sujet. Et c'est en réfléchissant à la solution que j'ai eu, dans ma maison, le flash que je considère comme le plus extraordinaire de ma vie.

L'un de mes compositeurs préférés, c'est Jacques Michel. J'ai toujours aimé ses chansons et je l'avais connu quand il était venu chanter à l'émission de mon père, à CHLT. À mon humble avis, la plus belle chanson québécoise, c'était *Amène-toi chez nous*, que Jacques avait endisquée en 1970. Quand sa femme était décédée, il avait refait la chanson, mais avec un arrangement différent – c'était carrément divin. Et les paroles se prêtaient tellement bien à ma situation que c'était ça que j'avais décidé de faire, l'interpréter. C'était tout un défi; ça ne me ressemblait pas du tout de faire une grande chanson comme celle-là, avec l'orchestre symphonique. Je sentais que c'était au-dessus de mes forces, mais je l'ai fait et je ne l'ai jamais regretté; le soir de la première, j'ai eu droit à une ovation debout de la foule, ovation qui m'a fait me rappeler, comme lors du gala de l'ADISQ quelques mois auparavant, tout ce que j'avais dû traverser pour me retrouver là, ce soir-là… Pour me retrouver…

Je me suis mise à pleurer devant la foule.

Les médias ont réservé à mon spectacle un accueil plutôt mitigé. Selon eux, les chansons étaient bonnes, mais le spectacle était un peu terne. Ils auraient pu être beaucoup plus méchants; nerveuse comme quinze et vêtue d'un ensemble de daim beige qui me faisait paraître comme un oiseau mort (j'étais tellement maigre), je n'étais pas prédisposée à faire sauter la baraque. De plus, c'était une des premières fois, sinon *la* première fois, que les médias venaient faire la critique d'un de mes spectacles, et j'étais paralysée de peur. Quand on faisait des clubs comme le Café de l'Est, les journalistes ne venaient pas nous voir. Mais la Place des Arts, c'était différent.

Le lendemain soir, ils n'étaient pas là, et tout fut différent. D'abord, j'ai changé de vêtements de scène (je n'ai jamais reporté l'ensemble beige), j'étais beaucoup plus détendue; j'ai décidé de chanter pour le monde au lieu des médias, et ça s'est très bien passé.

Peu de temps après la Place des Arts, Johnny Farago m'a demandé de venir travailler deux semaines à Miami au mois de mars. Je n'étais pas du genre à aller me produire là-bas, mais Johnny a insisté, et j'ai accepté; en plus, je serais au soleil. J'y suis allée, et je n'ai vraiment pas aimé ça. Chose que j'avais oubliée, je me retrouvais dans un club, moi qui avais juré de ne plus jamais en faire un. D'ailleurs, chapeau à ceux qui travaillent dans les clubs à

Miami! Quand les Québécois allaient voir Michèle Richard et Johnny Farago, ils étaient en vacances, et un Québécois en vacances, c'est pas la même chose qu'un Québécois ici qui retourne au bureau le lendemain. Un Québécois en vacances à Miami passe typiquement sa journée sur la plage au soleil en prenant, bien souvent, une bière, un *piña colada* ou autre drink semblable. Le soir venu, il n'a pas envie de chansons tranquilles ou trop profondes. Alors, laissez-moi vous dire que je n'ai pas chanté *Amène-toi chez nous*. Ce qui me sauvait, c'était *J'ai un amour qui ne veut pas mourir* à la fin du spectacle.

J'ai trouvé ça très difficile. Certains artistes ont le style et la personnalité pour ce genre de spectacle, mais pas moi. Et ce n'est pas la faute des Québécois en vacances qui profitent des deux seules semaines qu'ils ont pour se couper de la réalité. C'est moi qui n'étais pas à ma place là-bas, mais je ne le savais pas avant d'y aller.

༄

J'ai commencé l'année 1984 du bon pied. Georges était encore à Québec et il louait un condominium au mont Sainte-Anne depuis septembre 1983. C'était dans un site extraordinaire, et chaque jour nous nous disions qu'il fallait en profiter, conscients que nous vivions une situation exceptionnelle et temporaire. Vers le mois de mai 1984, je suis allée rejoindre Georges, en voyage avec sa mère en France, et nous sommes restés dix jours en Provence, sur la Côte d'Azur – un voyage de rêve. Au retour, nous avons goûté au plaisir de l'été avec le rassemblement des Grands

Voiliers; nous habitions en face de l'île d'Orléans et admirions les immenses embarcations qui passaient devant nous pour entrer dans le port de Québec. Nous avons même loué un voilier pour faire partie de la parade. Notre embarcation était minuscule comparée à ces monstres. C'était magistral de les voir de si près.

Entre mars 1984 et juin 1985, je vivais presque tout le temps à Québec, ce qui m'a permis de devenir une artiste locale dans la capitale. Je me rappelle entre autres avoir fait une chanson dans une émission de Robert Gillet où j'avais un chandail de hockey sur le dos. Je chantais pour Guy Lafleur, et mon chandail arborait les couleurs du Canadien de Montréal par devant, depuis longtemps mon équipe préférée. Mais comme de raison, j'étais à Québec; quand je me retournais, on voyait que le dos de mon chandail était aux couleurs des Nordiques. C'était sympathique, j'aimais être considérée comme quelqu'un du coin. Québec a toujours été ma grande ville préférée. J'y serais restée toute ma carrière si les circonstances l'avaient permis.

Pendant ce temps, je gardais mon appartement à Saint-Lambert. Ne voulant pas brusquer les enfants, pour qui tout allait très vite, nous essayions de leur consacrer nos week-ends, chacun de notre côté.

Vers le mois de septembre, j'ai entamé l'enregistrement de mon album *Cadeau*. Les Disques Star m'ont proposé de faire un duo avec Richard Huet. J'ai refusé. Je reconnaissais son talent, mais ça faisait longtemps que je savais que nos voix ne se mélangeaient pas bien. J'ai donc suggéré à Gilbert Morin de faire un duo avec mon ami Patrick

Norman, avec qui j'avais toujours bien chanté et dont la carrière battait sérieusement de l'aile. Gilbert Morin ne voulait pas.

«Renée, Patrick Norman est fini. T'entendras plus jamais parler de lui.»

Une dizaine de jours plus tard, Gilbert Morin m'a rappelée.

«Est-ce que tu tiens toujours à Patrick?

– Oui, il a de nouvelles chansons.

– Bon, où est-ce que je peux l'entendre?»

Je lui ai dit où, et il y est allé le soir même. Le lendemain, Gilbert m'est revenu.

«Bon, ça te tenterait de chanter avec Patrick? C'est vrai que ses chansons sont pas mal bonnes.

– On ne demande pas à un cheval s'il aime l'avoine.

– D'accord, Renée. Mais juste une chose: je vais faire enregistrer un album à Patrick à la condition que tu chantes une chanson avec lui sur l'album. Moi je veux être certain de vendre.»

J'ai dit OK, et c'est là que j'ai enregistré la chanson *Nous* avec Patrick, chanson qui devait figurer sur son microsillon, qui porterait le titre *Quand on est en amour*. Imaginez! Gilbert Morin qui exige mon duo pour être sûr que l'album de Patrick se vende; il était loin de se douter du succès foudroyant qui l'attendait, et ce, sans l'aide de *Nous*. Aujourd'hui, c'est *moi* qui suis contente de figurer sur ce disque!

Au début de l'année 1985, je ne travaillais pas beaucoup. Mon passage à la Place des Arts s'était très bien déroulé, mais mes options étaient restreintes par mon refus obstiné de faire du club. Les promoteurs de spectacles, eux, n'étaient pas rendus à présenter Renée Martel dans les centres culturels, alors c'était très difficile de me faire rentrer dans ceux-ci. Je n'avais aucune crédibilité pour ces salles, qui recevaient habituellement la visite d'artistes comme Renée Claude, Robert Charlebois ou Claude Dubois. C'était très difficile de me faire engager. J'avais la promotion de *Cadeau* à faire, mais on ne gagne pas sa vie uniquement avec la promotion. Soit dit en passant, le garçon qu'on peut entendre sur la chanson *Cadeau* avec moi s'appelle Charles Gagné. Les gens étaient d'ailleurs très curieux à cet égard: si le garçon sur la chanson avait l'âge et le rôle de mon fils, pourquoi donc n'était-il pas tout simplement joué par mon vrai fils? Chaque fois, je leur répondais la même chose: mon enfant ne ferait pas de show-business avant l'âge de 18 ans. Il n'était pas question que j'étale ma vie privée et celle de mon fils sur la place publique. Voilà la raison. Mais au-delà de la promotion de *Cadeau*, je ne travaillais pas beaucoup.

Le premier véritable engagement m'est venu de Québec. Il s'agissait d'un projet d'émission pendant tout l'été avec François Reny, qui devait porter le nom *Un air d'été*. Je trouvais l'idée fantastique, mais j'étais très nerveuse; je n'avais jamais animé sauf avec Patrick Norman.

Je préparais mes valises le dimanche où je devais partir pour Québec quand le téléphone a sonné. C'était mon père, qui m'annonçait que je devais me présenter à Montréal le mardi matin suivant pour une photo de famille.

«Papa, je ne peux pas être là. Je fais mes valises, je pars pour Québec, où j'anime une émission toute la semaine.»

Il ne me croyait pas.

«Non, c'est pas vrai! C'est parce que t'as honte de ta famille, c'est ça?

– Quoi?

– C'est ça, t'as honte de ta famille, tu veux pas te faire poser avec nous autres? Dis-le donc!»

Il m'engueulait carrément.

J'ai raccroché le téléphone et nous en sommes restés là.

J'ai animé l'émission à Québec, et même si elle n'a duré qu'une semaine, j'ai eu beaucoup de plaisir. Je me suis d'ailleurs découvert une certaine habileté pour animer, et je me rappellerai toujours quand j'ai présenté Céline Dion. En 1985, elle était connue, mais elle était encore à plusieurs années-lumière d'être la superstar qu'on connaît aujourd'hui. René Angélil avait été très content de ma présentation; il m'avait remerciée longuement, Céline aussi.

L'émission n'a donc pas marché, mais elle m'a ouvert d'autres portes, dont celle de la station CKVL, qui m'a approchée à l'été pour remplacer Madame X (Reine Charrier), en vacances pendant un mois, de midi à 13 h cinq jours par semaine.

Le contrat ne devait durer qu'un mois, mais quand Mme Charrier est revenue de vacances, les dirigeants de CKVL lui ont annoncé qu'ils la remerciaient. J'ai été malheureusement mêlée à cette affaire, mais je ne pouvais pas refuser l'offre qu'on me présentait alors, c'est-à-dire d'animer ma propre émission, qui s'appellerait *Martel en tête*. Je cherchais tout simplement à gagner ma vie.

Georges ayant été transféré à Montréal, nous avons emménagé dans un condominium à Saint-Lambert. J'ai trouvé la cohabitation difficile au début; non seulement je perdais mon indépendance mais, en plus, j'ai dû me défaire de tous mes meubles, entre autres mon mobilier que j'affectionnais particulièrement. Ce n'était pas mauvais en soi, mais il n'en reste pas moins que je me retrouvais brusquement dans une nouvelle vie.

Georges a eu 40 ans cet été-là, et j'ai décidé de lui faire une fête surprise. Ça faisait plus d'un mois que je ne parlais pas à mon père, à cause de l'incident du téléphone. Ma mère, c'est une femme qui a toujours essayé d'arranger les affaires. Elle m'appelait de temps à autre, et mentionnait «en passant» que mon père était à côté d'elle et me demandait si je voulais lui parler. Je restais silencieuse, mais une fois il est arrivé au téléphone malgré mes protestations.

Il m'a dit: «Oui, tu veux me parler?»

Je faisais ma fine: «Non, non, mais puisque t'es là, je peux bien le faire!» Je l'ai invité à la fête et lui ai demandé de venir m'aider à choisir la ligne de pêche à la mouche que je voulais offrir à Georges. Je ne connaissais rien à ça, et un des liens qui unissaient mon père et Georges, c'était leur passion commune pour la pêche. Il a accepté.

Le matin de la surprise, on s'est retrouvé et il pleurait presque dans l'auto.

«Renée, j'aimerais tellement que ça ne se reproduise plus, des choses comme ça entre nous.

– Eh, papa. Moi, je me respecte. Mes amis me respectent. Je suis mère de famille. Je ne crie après personne. Si tu me respectes comme mes amis le font, que tu ne me cries pas après comme quand j'étais petite, tout va bien aller.»

C'est là que mon père a compris que je n'étais plus une petite fille de 13 ans. J'étais désormais une femme de 38 ans et j'exigeais qu'on me traite comme telle. Et je dois dire que ça a été une chose réglée jusqu'à la fin de ses jours.

∽

Cadeau a été mis en nomination pour le Félix de l'album country de l'année au gala de l'ADISQ en 1985. Et pour la première fois, l'ADISQ avait décidé de présenter un numéro de country. Il y avait Richard Huet, mon père, Patrick Norman, Bobby Hachey et moi. Nous avons chanté *Nous on aime la musique country*.

À cette soirée, j'ai remporté un deuxième Félix. Aujourd'hui, quand je jette un coup d'œil sur ce trophée, je réalise qu'il sépare symboliquement les belles années 1984-1985 et le désastre qu'ont été 1986-1987.

Chapitre 12

Deux années difficiles

J'avais pris congé de mon émission à CKVL le temps de partir en vacances deux semaines. Quand je suis revenue, je me suis rendu compte que la station était en pleine négociation syndicale. Ceux qui ont connu la belle époque de CKVL vont comprendre à quel point c'est profond quand je dis «négociation syndicale»; le syndicat de CKVL était très important, très fort. Quand je suis revenue, j'ai eu des problèmes; curieusement, ça commençait à aller mal pendant mon émission, qui passait en direct. Tout d'un coup, oups! les micros ne s'éteignaient plus… Tout d'un coup, oups! on ne pouvait plus faire tourner de disques… Toujours des petites choses, mais ç'a rendu mon travail moins agréable.

Mes cotes d'écoute, elles, n'arrêtaient pas de grimper, ce qui me donnait le goût de m'engager davantage; j'avais une courte chronique quotidienne dans l'émission qui passait juste avant la mienne. En ondes, je parlais à l'animateur de ce qui allait y avoir à *Martel en tête* ce jour-là. Mais hors d'ondes, je placotais avec lui, je lui faisais part de certains projets que j'avais pour mon émission, dont celui de recevoir certains chroniqueurs chaque jour au lieu d'une fois par semaine, et je nommais ces chroniqueurs. Il trouvait mes idées bonnes.

⁂

Quand je suis revenue de mes vacances en janvier, la conjointe de Jean-Guy m'a téléphonée pour me dire qu'ils se séparaient.

«Si tu veux ton fils, Renée, c'est le temps.»

J'attendais ce moment-là depuis plus de neuf ans. J'avais essayé du temps de mon alcoolisme actif, mais Jean-Guy m'avait prévenue qu'il n'aurait d'autre choix que de se servir de ma condition comme argument contre mes démarches, alors je n'avais jamais poursuivi celles-ci plus loin. Mais quand je suis sortie de ma deuxième thérapie, les choses avaient changé. Je me sentais déjà plus forte, et là, j'avais près de quatre ans de sobriété derrière moi. J'ai donc téléphoné à une avocate ce matin-là et je lui ai demandé si elle était déterminée. Elle a dit oui. Je lui ai dit que ça tombait très bien, parce que moi aussi je l'étais. Je suis allée la voir et je lui ai raconté mon histoire, que ça faisait des années que je voulais récupérer mon fils, mais que ce qui m'arrêtait toujours, c'était mon problème d'alcool. Mais en 1986, ça faisait trois ans que j'étais sobre, et là, j'étais prête.

J'ai entamé des procédures, et je me souviens qu'on envisageait peut-être de passer en Cour. Le matin que nous devions le faire, nous étions en séance de négociations dans une salle, chacun avec notre avocate. Jean-Guy avait plusieurs conditions: il voulait la garde partagée, il fallait que Dominique continue ses leçons de piano et de karaté, et il tenait à superviser son éducation. En fait, je ne devais être que la gardienne de Dominique. Pendant la négociation, son avocate a sorti une arme familière. Elle a dit que si jamais nous devions aller en Cour, elle n'aurait pas le choix que de dire au juge que j'étais alcoolique, et que ça ferait pencher la balance. Mon avocate lui a bien fait comprendre que de dire ça au juge serait une erreur, car toute la province savait que Renée Martel était alcoolique, qu'elle avait écrit un livre là-dessus, mais que Renée Martel était sobre depuis trois ans. Moi, j'exigeais la garde totale de Dominique, sans aucune des conditions de Jean-Guy. C'était ça ou bien je lui laissais carrément la garde.

Quelques minutes plus tard, nous avons signé les papiers et j'ai eu la garde sans conditions.

Le jour où je suis allée chercher Dominique pour l'amener chez moi à Saint-Lambert (il habitait l'Île des Sœurs), à l'instant même où j'ai démarré l'auto, ma chanson *Cadeau* a commencé à jouer à la radio. Quel hasard!

Pendant ce mois de mars, les sondages ont paru, et encore une fois, mon émission avait gagné en popularité. La direction de CKVL m'a avertie que les horaires allaient changer. On m'a annoncé que mon émission allait être en ondes entre 13 h 30 et 15 h, au lieu de midi à 13 h, comme c'était actuellement le cas. Le directeur m'a aussi dit que je ferais tourner plus de disques. Je n'étais pas sûre d'être à l'aise avec ce projet, mais j'ai accepté d'essayer pendant une semaine. En rentrant chez moi le soir, je me suis rendu compte qu'ils voulaient faire de moi un disque-jockey. Le lendemain matin, j'ai allumé la radio pour écouter l'émission de l'animateur à qui j'avais parlé de mes projets, et j'ai fait tout un saut: l'émission que j'entendais ce matin-là était exactement celle que je lui avais raconté que j'aimerais faire et, en plus, avec les chroniqueurs que je lui avais nommés. Je suis allée deux jours faire mon émission. Le troisième jour, j'ai envoyé ma lettre de démission à CKVL en me disant que moi, les rats de mon métier, je les connaissais, et que j'étais capable de m'arranger avec. Mais les rats de la radio, je ne les connaissais pas, et je n'avais pas envie d'investir mon temps et mes énergies pour les connaître.

La radio, c'était terminé pour moi.

✍

J'ai tout de suite eu de la misère avec Dominique. Il aurait fallu que je tienne compte de ses 12 ans, mais moi, j'essayais de rattraper les années. Pour moi, il avait encore quatre ans. Il existait entre nous une sorte de décalage. Je me couchais le soir en me demandant ce que je faisais de *pas correct*, qu'il me semblait que ça ne devait pas se passer ainsi.

Vers le mois de juillet 1986, j'avais quelques spectacles à faire pour la tournée *C'est mon histoire*, dont un en Beauce. Là-bas, quelques secondes avant d'embarquer sur scène, mon regard s'est posé sur ce qui servait de marches – des caisses de bière. Je les ai regardées et c'est là que je me suis rendu compte que je n'étais plus capable. Après mes deux premières chansons, je me suis adressée aux gens présents dans la salle: «Toutes les chansons que je chante ce soir sont très importantes pour moi, car c'est mon dernier spectacle.»

Tous ceux qui était derrière moi sont restés bouche bée. Mon chef d'orchestre a été tellement stupéfait qu'il a arrêté de faire du show-business après ce soir-là. Ma choriste a été estomaquée et a dû aller vomir entre deux chansons plus tard dans le spectacle. Mon gérant a échappé tous ses papiers par terre. Pendant l'entracte, il est venu me voir, ahuri.

«Coudonc', es-tu folle? As-tu rechutée? C'est quoi ça?
– Non, c'est mon dernier spectacle.»
Et ce le fut pour les sept années suivantes.

⁓

Mon père a très mal réagi à ma décision de quitter le show-business. En même temps, son mariage connaissait des moments difficiles, et en juillet ma mère et lui se sont séparés. Nous avions loué une maison à Bromont pendant un mois l'été, histoire de voir comment les enfants se débrouilleraient entre eux. Ma mère est venue passer un bout de temps avec nous, et elle a pleuré tout le temps qu'elle y était. C'était assez pénible pour elle. Pour ma part, j'ai trouvé ça difficile de garder les enfants, Dominique et Mathieu surtout, les deux s'étant découvert une affinité pour les mauvais coups. C'était tous deux des enfants normaux, mais je n'étais pas habituée à ce rôle de mère à temps plein. Disons que, quand ils sont partis du chalet au bout d'un mois pour aller chez leurs autres parents, Georges et moi avons pleinement apprécié la semaine de plus que nous y avons passée.

Ma mère étant très proche de moi, je parlais moins avec mon père. Mais quand je lui parlais, à lui, je pouvais aussi le comprendre. J'étais un peu prise entre les deux, mais il y a eu de grandes périodes où mon père et moi ne nous sommes pas parlé parce que ma mère était régulièrement chez nous.

À notre retour de Bromont, j'ai commencé à chercher une plus grande maison. Nous habitions toujours notre petit condominium à Saint-Lambert. Au bout de plusieurs recherches infructueuses (la maison n'était jamais assez grande, ou pas assez bien située), un vendredi après-midi de septembre, j'en ai vu une à Greenfield Park, à rénover, qui m'intéressait parce qu'elle était jolie et assez grande, avec du potentiel. Elle intéressait aussi Georges parce que le terrain était immense – il est un passionné d'aménagement paysager. Nous avons décidé de déposer une offre d'achat le vendredi soir. L'agente d'immeubles nous a dit que quelqu'un avait déjà fait une offre d'achat, mais qu'elle nous en donnerait des nouvelles, le lundi suivant.

Le samedi soir, à minuit et quart, le téléphone a sonné. C'était le conjoint de la mère des enfants de Georges.

«Vous feriez mieux de monter à Québec. Elle [la conjointe] est à l'hôpital, elle a eu un ACV.»

Nous sommes allés à Québec. Arrivés là-bas, nous avions déjà des nouvelles de l'hôpital. Elle se portait très mal et ne passerait probablement pas la nuit.

Elle est décédée le dimanche.

Le lundi, j'ai reçu un appel. C'était l'agente d'immeubles qui voulait me dire que nous étions maintenant les heureux propriétaires de la maison à Greenfield Park. Je lui ai dit qu'elle ne pouvait pas s'imaginer à quel point elle tombait mal. Ça ne me tentait vraiment plus de commencer à rénover. J'aurais bien mieux aimé une maison finie. Je ne me souviens plus si notre offre était révocable, mais nous avons accepté de finaliser l'achat.

Pendant ce temps, Georges annonçait à Mathieu et Catherine, âgés respectivement de 10 et 12 ans, que leur mère était décédée. Qu'ils se retrouvaient, en 24 courtes heures, sans maman. C'est certain que le choc qu'ils ont vécu a été épouvantable.

Nous nous sommes arrangés pour que Mathieu vienne habiter avec nous tout de suite. Catherine, elle, allait rester chez Claire. Claire était la meilleure amie de la mère de Catherine et Mathieu; à travers la longue et éprouvante aventure qui allait suivre la mort de cette dernière, j'ai appris non seulement à la connaître, mais aussi à l'aimer, à l'apprécier comme la véritable sauveuse qu'elle a été. Georges était bouleversé. Il connaissait la mère de ses enfants depuis qu'il était très jeune, et il avait énormément de respect et d'affection pour elle. Ç'a été terrible pour tout le monde. Pour ma part, je ne savais pas trop quoi faire. J'ai dit à Georges que j'allais essayer. Je ne savais déjà pas quoi faire avec le mien, et je me voyais prise avec deux autres adolescents. Je ne connaissais pas plus Dominique que Mathieu et Catherine. Je lui ai dit que j'allais faire mon possible. Nous avons vécu dans le condominium, Georges, moi, Mathieu et Dominique, tant bien que mal. Catherine venait les week-ends. Claire prenait Mathieu et Catherine toutes les deux semaines.

Pendant ce temps, nous avons décidé de démolir la maison à Greenfield Park et de carrément en bâtir une autre spécifiquement pour les enfants et pour nous. Nous avons passé l'automne à négocier les plans, à acheter des matériaux, etc. J'étais en charge du projet pendant le jour parce que Georges travaillait.

Ç'a été un automne épouvantable, rempli de tristesse, de chocs, de chaos et de rage.

⁂

Ça m'est arrivé régulièrement d'avoir à prendre des décisions rapidement. Les situations se présentaient sans préavis. Je me levais un matin, et bang! une nouvelle situation et une décision à prendre. J'essayais d'analyser, mais je ne pouvais pas trop le faire quand trois enfants me regardaient en attendant que je décide. Je tenais ma promesse et je faisais mon possible, mais il m'arrivait souvent de me tromper. À cet égard, je trouvais que les enfants me jugeaient durement. Très souvent, je me trouvais à devoir prendre la décision qui ferait *le moins de mal* à tout le monde. C'était difficile pour tous ceux qui étaient concernés.

⁂

J'ai demandé une libération de contrat aux Disques Star, et je l'ai eue sans problèmes. Je n'avais plus le temps ni l'énergie pour chanter. Nous avons emménagé dans notre nouvelle maison le 13 avril, jour de l'anniversaire de Domonique. Deux semaines plus tard, Catherine arrivait de Québec pour s'installer avec nous. À travers tout ça, j'ai commencé à me sentir épuisée, autant physiquement qu'émotionnellement. J'avais la nette impression que quelqu'un avait pris ma vie et l'avait virée sens dessus dessous sans m'en parler. J'ai commencé à suffoquer. Je me rappelle avoir dit à Georges que la maison était grande, mais que je manquais d'air, qu'à la minute où quelqu'un d'autre respirait, moi j'étouffais.

Aussi, je ne voulais tellement pas que Mathieu et Catherine sentent que j'aimais plus Dominique qu'eux que je me suis mise à m'en prendre à lui. Je le traitais moins bien, je le chicanais plus, en voulant leur dire: «Voyez, je ne l'aime pas plus que vous.» C'était idiot, mais je me disais qu'avec ce qu'ils venaient de vivre, Mathieu et Catherine ne devaient pas se sentir rejetés. J'ai doucement appris à mieux répartir mon affection, mais cette intention de mettre tous les enfants sur le même échelon, sans faire de préférences, allait rester largement intacte.

∽

Un matin de juin, alors que je me sentais particulièrement mal, j'ai fait un test de grossesse maison qui s'est révélé positif. Mon père m'a téléphoné ce matin-là. Il voulait me voir pour me parler de ce qui se passait avec ma mère. Je lui ai dit OK, mais que j'aurais peut-être des nouvelles pour lui. Quand il est arrivé à la maison, il a deviné.

«T'es pas enceinte, j'espère?

– Oui.»

J'allais avoir 40 ans dans quelques semaines. Je m'étais toujours dit que j'aimerais avoir un autre enfant, mais je m'étais fixé un âge limite… de 40 ans. Mon père semblait découragé: «T'en as déjà trois et t'as de la misère. Tu trouves pas qu'un autre, ça va faire trop?»

Je lui ai expliqué qu'une des raisons pour lesquelles je voulais tellement un autre enfant, c'est que je trouvais que ce qu'on vivait, Georges, ses enfants, Dominique, et moi, était tellement difficile qu'on ne pouvait pas le vivre plus longtemps et qu'au fil des ans et des événements on risquait de se perdre de vue. Je voulais créer un lien commun entre tous les cinq, et cet enfant serait ce lien.

Le lendemain, après avoir passé un vrai test à la pharmacie, j'ai annoncé à Georges et à son associé Robert Bergeron (qui a vécu à peu près toutes nos primeurs de famille) que j'étais enceinte. Les deux se sont mis à pleurer de joie!

Mon groupe sanguin étant le O négatif, je devais subir des injections spécifiques pendant ma grossesse. Un jour, chez le gynécologue pour une de ces injections, j'ai fondu en larmes. L'infirmière m'a demandé ce que j'avais.

«Vous n'êtes pas contente d'être enceinte?

– Oui, je le suis. Je suis très heureuse, mais je ne sais pas quoi faire avec les trois autres que j'ai déjà. Je ne sais pas si je vais y arriver.

– Vous devriez peut-être parler à une thérapeute familiale.»

J'ai suivi sa suggestion, et j'ai été sur-le-champ parler à une thérapeute pendant deux heures. Elle m'a donné ce conseil: «Si vous voulez que votre couple tienne le coup, vous devez envoyer vos enfants au pensionnat pendant au moins un an, le temps que tout le monde s'apprivoise.»

Nous n'étions pas chauds à cette idée. Si nous mettions les enfants pensionnaires, ils se sentiraient rejetés. Nous ne pouvions pas faire ça à Mathieu et Catherine, qui venaient de perdre leur mère. Et je ne pouvais pas faire ça, non plus, à Dominique, que je venais à peine de récupérer. Mais après une semaine de réflexion chacun de notre côté, Georges et moi avons convenu de deux choses: de nous marier et d'envoyer les enfants au pensionnat. Pour nous, c'était ça ou la fin.

CHAPITRE 13

UN PREMIER MARIAGE À 40 ANS

APRÈS MA RELATION AVEC JEAN MALO, J'AVAIS JURÉ de ne jamais me marier. Pour moi, c'était réglé, il n'en était pas question. Mais jamais auparavant le désir d'être légitimement unie ne s'était autant manifesté: j'étais responsable de trois adolescents, j'étais enceinte, et nous habitions une nouvelle maison. J'avais envie d'être psychologiquement rassurée. Georges était d'accord.

«Donne-moi la date et l'heure, et je vais être là!»

Et c'est comme ça que je me suis mariée pour la première fois à 40 ans, le matin du 15 août 1987, en l'église Unie de Saint-Lambert. Nous avons décidé de donner un rôle aux enfants dans la cérémonie. J'ai choisi de descendre l'allée avec Dominique, décision qui a fait de la peine à mon père. Il aurait bien aimé avoir cette responsabilité, d'autant plus qu'il était sorti de l'hôpital le vendredi et qu'il devait y retourner le dimanche. La séparation d'avec ma mère l'avait beaucoup affecté. Mais je tenais absolument à ce que le mariage symbolise la fusion de nos familles; il fallait donner le plus de place possible aux enfants.

À part Dominique qui s'est évanoui au moment où le prêtre nous déclarait mari et femme, le mariage s'est déroulé sans anicroche, dans la plus grande intimité qu'une vedette puisse espérer pour un événement du genre. Car, il faut bien le dire, au début je ne voulais pas voir un seul journaliste ce jour-là. C'est mon ami le journaliste Claude Leclerc (alors directeur des communications à Vidéotron) qui m'a conseillée, en me disant que les journalistes seraient présents au mariage même si je le leur en interdisais l'accès. Mon mariage était un événement médiatique, retraite ou pas. C'est Claude qui s'est chargé des médias, et je dois dire qu'il a fait de l'excellent travail; nous n'avons pas été embêtés. J'avais aussi réservé aux gens une surprise de taille; personne ne savait que Céline Dion serait de la fête. En effet, elle est venue nous chanter *notre* chanson, *Avec simplicité*, de Richard Cocciante. Quel beau cadeau!

Nous avions décidé de faire notre voyage de noces en Égypte en septembre. L'été a été pénible avec les enfants; il fallait les préparer au pensionnat, et chaque enfant le prenait très mal. Dominique me rappelait souvent que j'avais attendu plus de neuf ans pour être avec lui, et au moment où mon rêve se concrétisait, je l'envoyais pensionnaire. Et il n'avait pas tort. Jean-Guy non plus n'était pas d'accord; il me disait la même chose que Dominique. Mais j'aurais voulu le voir dans ma situation: il aurait probablement fait la même chose. Je ne veux pas savoir ce que les autres auraient fait; je faisais ce que je pensais être la meilleure chose. La relation entre les enfants de Georges et moi n'était pas non plus de tout repos, et je suis consciente de mes torts; je comprenais ce qu'ils vivaient, mais quand on est dans le tourbillon on s'arrête moins aux bouleversements des autres.

Les enfants ont commencé leurs cours en septembre. Une semaine après, Georges et moi allions en Égypte pour trois semaines. Durant l'été, j'avais passé une amniocentèse; j'avais 40 ans et cette intervention m'était très recommandée. Je voulais à tout prix m'assurer que mon bébé était en santé. Je désirais aussi connaître son sexe. On m'a dit que le bébé était en parfaite santé et que c'était une fille; j'étais folle de joie. En Égypte, j'ai donc baigné ma fille dans le Nil. Ces trois semaines m'ont fait beaucoup de bien; depuis un an, c'était le chaos total. À notre retour, enceinte de six mois, j'ai failli perdre mon bébé. Je me suis retrouvée à l'hôpital avec des contractions. Le médecin m'a imposé le repos complet jusqu'à l'accouchement. C'est pendant ce mois-là que ma mère m'a annoncé que mon père et elle revenaient ensemble. Elle m'a expliqué qu'ils s'aimaient beaucoup, mais qu'une raison plus importante était derrière cette réconciliation: la santé de mon père se détériorait. Il était trop malade pour avoir soin de lui-même, et jamais ma mère ne l'aurait laissé tomber.

Fin novembre, Georges m'a annoncé qu'on déménageait.

«Comment, on déménage? On n'a même pas fini de construire cette maison-là! Où veux-tu déménager? À Montréal?

– Oh non, plus loin que ça.

– Québec?

– Plus loin.

– Où?

– Au Maroc.

– Au quoi?

– À Casablanca, au Maroc.

– C'est où ça?»

Georges, alors vice-président chez Vidéotron, avait reçu le mandat d'aider à l'implantation de la première chaîne de télé privée au Maroc, la station 2M, dans laquelle Vidéotron et le gendre du roi Hassan II étaient partie prenante. J'étais réticente à l'idée de déménager, alors Georges m'a acheté quelques livres sur le Maroc. Quand j'ai vu de quoi ça avait l'air, j'avoue que j'ai été impressionnée, le Maroc étant un pays magnifique.

La naissance de Laurence a eu lieu le 29 décembre 1987. Quatre jours avant que j'accouche, à Noël donc, mon père était chez moi. Encore une fois, il avait peur que j'aie fait une erreur en ayant un autre enfant à charge. Pourtant, quand la petite est née, elle est devenue son adoration. Pour mon père, Laurence ne pouvait rien faire de mal. Contrairement à moi quand j'étais petite, à Dominique et à ses autres petits-enfants, Laurence avait le droit de toucher à tout chez lui. Elle aurait pu virer sa maison à l'envers. Quand il est décédé, son portefeuille était bourré de photos et de lettres de Laurence.

Enceinte, j'avais tellement eu de difficultés que j'ai demandé à mon médecin de me faire une ligature. J'étais certaine que j'essaierais d'avoir un autre enfant, et passé 40 ans, ce n'était plus recommandé. Mon médecin m'a prévenue que cette opération, pratiquée le lendemain de l'accouchement, entraînerait de l'anémie. Effectivement, ç'a été un début d'année 1988 très pénible, parce que je n'avais pas la force de m'occuper de ma fille. Ma mère m'a beaucoup aidée; elle est venue prendre soin des enfants pendant un mois. Je m'occupais du bébé le jour, et Georges faisait les nuits. Je pensais que les enfants n'aimeraient pas beaucoup Laurence, mais ce fut tout le contraire.

À un moment donné, je suis tombée malade. J'ai fait de la fièvre, j'avais mal dans les reins et dans le côté. Mon médecin, qui par hasard était le même qui m'avait accueillie à l'hôpital lors de ma tentative de suicide, venait me voir chez moi. Il me donnait des antibiotiques parce que je faisais une pyélonéphrite, une infection des reins dont je pouvais mourir. En fait, ma santé a vraiment commencé à se détériorer après cet accouchement. Jamais depuis je n'ai été capable de me remettre complètement sur pied.

∞

Au mois de mars, Michèle Richard m'a dit qu'un gros spectacle hommage à *Jeunesse d'aujourd'hui* s'organisait, et que je ne pouvais vraiment pas rater ça. Le spectacle s'appelait *Jeunesse d'hier à aujourd'hui*. Après une hésitation de ma part (je ne me sentais ni vocalement prête ni physiquement assez en forme pour faire ce spectacle), elle et les organisateurs ont fini par me convaincre. Je ne l'ai pas regretté une seconde et, même si le spectacle a été largement gâché par des chicanes d'arrière-scène, j'ai eu beaucoup de plaisir à le faire. Monter sur scène avec mes grandes robes et me sentir belle et entendre les applaudissements de la foule m'a fait beaucoup de bien.

Vers le mois de mai, j'ai commencé à me sentir mal. J'ai demandé à mon gynécologue si ça pouvait être la préménopause. Il m'a dit que ça ne pouvait pas être ça, puisque je n'avais même pas encore 41 ans. Selon lui, c'était normal de me sentir faible, étant donné ma grossesse difficile et ma ligature. En juin, le jour de mon anniversaire, Georges m'a offert un cadeau dont je rêvais depuis que j'étais toute petite: une balançoire comme celle des Sawyer. C'était le plus beau cadeau qu'on ne m'avait jamais fait et j'y ai bercé Laurence des heures et des heures en lui chantant des chansons. J'étais au paradis, heureuse malgré les événements. Les autres enfants s'habituaient tant bien que mal au pensionnat, mais le plus difficile était derrière eux.

Nous avions décidé de trois choses: partir pour le Maroc en novembre, placer les enfants au pensionnat de l'Académie Sainte-Thérèse sept jours sur sept (l'année précédente, au Collège Français, ils étaient pensionnaires la semaine seulement) et enfin laisser les enfants au Québec jusqu'à l'été suivant. Nous n'avions pas fait de démarches pour leur trouver une école au Maroc. Ça nous semblait trop compliqué d'arriver dans un pays étranger avec quatre enfants d'un coup. Ils l'ont très mal pris et Dominique m'a dit clairement ce qu'il pensait de cette décision: «Ça paraît qu'on est rendu deux familles: la vôtre de son côté au Maroc et la nôtre ici au Québec!»

Finalement, j'ai parlé à Georges et nous sommes revenus sur notre décision. Mais je maintiens aujourd'hui que ç'a été une erreur.

Nous avons passé le reste de l'été à préparer les enfants pour l'école et le déménagement. Ils sont rentrés au pensionnat en septembre. Georges et moi sommes allés en voyage en Suisse, en France sur la Côte d'Azur, et enfin au Maroc pour nous trouver une maison. Après un deuxième voyage, nous l'avons trouvée: une superbe villa mauresque de deux étages juchée sur une corniche longeant la mer. Au retour de notre deuxième voyage, nous avons finalisé le déménagement et nous sommes tous partis. Un nouveau pays, de nouvelles coutumes, une nouvelle vie nous attendaient.

CHAPITRE 14

NOTRE VIE AU MAROC

U MAROC, NOS MEUBLES NOUS ATTENDAIENT à l'aéroport, comme prévu, mais il y avait des «complications» pour ce qui était des papiers.

«Demain vous allez avoir les meubles», ont-ils dit à Georges.

Demain, c'était mardi. Ce jour-là, ma mère et une amie arrivaient de Montréal pour nous aider à nous installer. Nous avons attendu nos meubles toute la journée, en vain. Rien. Aucun meuble. Le lendemain, Georges s'est fait dire qu'encore une fois il y avait des «complications», et que nous ne pouvions pas avoir nos meubles tout de suite, mais que le jour d'après, jeudi, c'était certain que nous allions les recevoir. Le jeudi matin, nous avons laissé les chambres du Hyatt (nous y séjournions en attendant de pouvoir emménager dans notre maison. Mathieu et Dominique, à notre grand dam, ont bien apprécié le service aux chambres!) et sommes allés attendre les meubles à la maison, ma mère, ma copine, les quatre enfants et Laurence, qui était enrhumée et faisait ses dents. Elle devait faire ses siestes dans la baignoire.

Pas de meubles.

Georges est arrivé à 16 h, choqué «noir». Il en avait assez de ces tergiversations de fonctionnaires. Rappelons que Georges travaillait avec des gens influents au Maroc. À bout de nerfs, donc, il a pris le téléphone et a parlé à l'un d'eux. Une demi-heure plus tard, tout était réglé: nos meubles seraient chez nous le lendemain matin, sans faute. Cette histoire de meubles m'a fait découvrir une autre particularité de la culture arabe: l'infériorité présumée des femmes par rapport aux hommes. Quand les déménageurs sont arrivés, c'est encore moi qui supervisais les opérations. Tous des hommes, et j'ai tout de suite vu qu'ils n'appréciaient pas mon rôle. J'ai particulièrement fait bougonner l'un des déménageurs quand j'ai interrompu sa petite pause-café-cigarette impromptue. Les hommes arabes ne sont pas habitués à se faire donner l'heure juste par une femme.

⚬

Au Maroc, chaque villa a son gardien en résidence – pas dans la maison, mais dans un petit logis sur le terrain. Le nôtre s'appelait Omar, mais Omar ne parlait pas un mot de français. Une chance que notre chauffeur, Hadj, était là pour traduire. Les chauffeurs, comme les bonnes d'ailleurs, sont de mise au Maroc. Si on n'a pas de bonne dans sa villa, ni de chauffeur pour nous conduire au travail et emmener les enfants à l'école, c'est très mal vu; on n'aide pas à faire fonctionner l'économie du pays. Notre bonne, Naïma, allait commencer au début de janvier, mais en attendant j'étais seule le jour avec les quatre enfants – Georges travaillait – et tout le monde a mis la main à la pâte: les enfants gardaient leur sœur et s'occupaient des tâches ménagères quand j'étais obligée d'aller faire des courses.

∽

Peu après notre arrivée, Hadj, notre chauffeur, nous a invités à souper chez lui. Avant d'arriver là, j'ai parlé aux enfants.

«Écoutez, je ne sais pas comment ça se passe, un souper chez un Arabe, mais faites tout ce qu'il fait. Et surtout, ne sautez pas dans les plats!» Je pensais qu'il y avait une entrée, un plat principal et un dessert. C'était bien peu connaître les Marocains.

Nous étions attablés avec Hadj, son fils et son gendre. Sa fille aînée mangeait à une autre table. Elle était enceinte.

Une femme a passé un grand plat d'eau avec une serviette et un savon autour de la table. Hadj s'en est servi le premier: il s'est lavé les mains, a pris une gorgée d'eau et a tout recraché dans le plat. J'ai fixé les enfants d'un regard qui voulait dire: que j'en voie pas un cracher! La femme est revenue nous servir à manger. Sans dire un mot, elle a placé le premier service sur la table et est repartie. C'était la femme de Hadj, qui n'avait pas le droit de manger avec nous. La seule raison pourquoi sa fille mangeait près de nous, c'était qu'elle était enceinte.

Les plats ont commencé à déferler sans cesse. Les tajines, le couscous, les brochettes, la harira (soupe nationale marocaine), les légumes, les fruits, les pâtisseries, etc. J'avais beau leur avoir dit de ne pas sauter sur les plats, les enfants n'avaient plus faim, ils ne mangeaient plus. Et Hadj qui nous sommait de continuer à manger. C'était très bon, mais bon Dieu qu'il y en avait! Après le repas, Hadj nous a fait visiter sa maison qui, comme toutes les demeures marocaines, était dotée d'une photo du roi Hassan II. En voyant le paquet de plats qu'on nous avait servis, je m'attendais d'arriver dans une énorme cuisine. Mais elle était minuscule, grande comme une garde-robe, avec un petit poêle par terre et un petit banc le long du mur d'en face avec deux personnes assises en train de manger: la femme et l'autre fille de Hadj. J'ai regardé le poêle et je me suis vraiment demandé comment la première avait fait pour nous préparer ce festin sur un si petit poêle.

J'ai demandé à Hadj pourquoi sa femme n'avait pas mangé avec nous. «Elle n'a pas le droit.» Pas le droit de manger avec nous. Elle, c'était «fais-moi à manger et reste dans ton coin». J'ai appris que ça faisait 25 ans qu'elle et Hadj étaient mariés, et qu'elle ne sortait presque jamais de sa maison.

∽

Un jour, Hadj est venu me demander si je voulais bien accorder la permission à Omar (notre gardien) d'aller dans son bled voir ses parents quelques jours. J'ai bien sûr accepté. Il est y allé deux jours. À son retour, il est venu cogner à la porte. J'ai ouvert. Omar était là, un immense sourire aux lèvres. Il brandissait une poule. Il essayait de me la tendre. Je ne voulais pas la prendre, je ne savais pas ce qu'il voulait avec sa poule. Hadj était là et il m'a expliqué.

«Il te donne cette poule, c'est pour toi.

– J'en veux pas de poule, qu'est-ce que vous voulez que je fasse avec ça?

– Pour lui, c'est très important. Tu l'as laissé aller dans son bled. C'est un beau cadeau, alors il te ramène une poule.»

J'ai compris que c'était très important pour les Marocains quand ils vous donnent une poule.

«Ah, alors c'est d'accord. Qu'est-ce que je vais faire avec?

– Rien, il faut la tuer et la manger.

– Ah…

– Mais c'est Omar qui s'en charge. Il va te la ramener et tu vas la manger à sa santé.»

On l'a fait cuire et elle était dure comme de la roche.

∾

C'est dans le temps des Fêtes (des Fêtes assez tristes, merci) que j'ai rencontré notre bonne, Naïma. Quand elle est arrivée dans la maison, ç'a cliqué tout de suite. Elle et Laurence sont tombées en amour. Les plus vieux aussi l'ont bien aimée. Elle parlait le français et l'anglais et avait travaillé pour un ambassadeur dans plusieurs pays. Elle était cultivée et allumée. Étant donné la grandeur de la maison et le fait que nous avions quatre enfants, nous avons aussi embauché sa mère, Fatima, à la semaine et sa sœur Myriam les week-ends.

Dominique, qui parlait anglais, est entré au Casablanca American School en janvier. Mais nous ne réussissions pas à trouver une école pour Mathieu et Catherine, qui ne parlaient que le français. Ils avaient suivi des cours intensifs d'anglais en janvier, mais les administrateurs de l'école américaine ont finalement décidé qu'ils ne les prendraient pas avant l'année suivante. Malgré toutes nos recherches, aucune école francophone ne pouvait les prendre à ce moment avancé de l'année. Catherine et Mathieu étaient en train de perdre leur année au complet, alors Georges a décidé de les renvoyer au Québec, à l'Académie Sainte-Thérèse.

La station 2M a vu le jour en février 1989, et Georges a commencé à travailler beaucoup. C'est là que j'ai vraiment senti que notre nouvelle vie venait de démarrer, et je dois dire que cette vie s'est révélée féerique, à un point tel que je n'avais pas vraiment envie de revenir au Québec. C'est Naïma qui m'a montré à négocier; au Maroc, à peu près tout se négocie, même que les marchands trouvent très ennuyant un client qui ne le fait pas. En fait, c'est elle qui s'est chargée de mon éducation arabe, éducation dont j'avais grandement besoin. Nous étions arrivés au Maroc avec une certaine culture selon laquelle nous voulions fonctionner, mais c'était impossible. Le Maroc est tellement différent du Canada, à tous les points de vue. Laurence, bébé, s'est imprégnée de cette culture avant la nôtre. Passant le plus clair de son temps avec Naïma, Omar, Fatima et Myriam, elle avait intégré plusieurs mots et expressions arabes à son vocabulaire de tous les jours, même qu'avec eux, elle ne parlait qu'arabe.

Nous avons côtoyé beaucoup de gens intéressants au Maroc, dont l'ambassadeur du Canada, Wilfrid-Guy Licari, et son épouse, Françoise. Ils habitaient Rabat, la capitale. Je me suis liée d'amitié avec Françoise, que je suis allée visiter quelques fois. Faouzi, notre nouveau chauffeur, allait me conduire au train, et j'allais la voir. Je me souviens en particulier d'un souper «intime» auquel Wilfrid nous avait conviés, Georges et moi.

«Je reçois quelques amis, joignez-vous donc à nous!»

Arrivés là-bas, nous avons rencontré ces «quelques amis» et avons finalement apprécié sa conception de l'intimité. En effet, la salle de réception était bondée. Au moins une cinquantaine d'invités, la plupart des ambassadeurs. J'ai entre autres mangé à la même table que l'épouse de l'ambassadeur du Japon qui, en guise de réponse invariable à ce que je lui disais, me souriait et me faisait le salut traditionnel japonais. Je faisais très attention; disons qu'à Drummondville on ne m'avait pas immergée dans le protocole diplomatique!

Un jour, le fils du patron de Georges, venu visiter une crèche dans le but d'adopter éventuellement une petite Marocaine, s'est vu remettre son enfant sur place. Lui et son épouse nous ont téléphoné de leur hôtel, un peu en détresse et, comme nous étions très bien équipés en matière de bébé, nous les avons dépannés. Ils sont restés à la maison jusqu'à ce que tous les papiers soient en règle.

Nous avons aussi profité de notre séjour pour voyager beaucoup. Nous visitions le pays; nous aimions particulièrement aller à Marrakech. Ça nous est arrivé plusieurs fois de partir le jeudi et de passer le week-end à Paris. Nous étions encore conscients que cette situation était temporaire, et qu'il nous fallait en profiter au maximum. Et comment résister à l'attrait de Paris quand nous pouvions y être en moins de trois heures, à prix relativement modique? Nous avons aussi été deux fois en Suisse. Mais mon endroit préféré au Maroc, c'était Essaouira, un port de mer dans le Sud. Les femmes y sont voilées d'une des trois couleurs suivantes: le noir, le brun ou le blanc. C'est à Essaouira que j'ai vu le plus de femmes habillées en blanc de la tête aux pieds. Essaouira compte aussi beaucoup de peintres. Un peintre marocain du coin nous avait même invités, Georges et moi, chez lui pour prendre le thé.

Je me sentais tellement bien dans ma villa! Je l'avais arrangée à mon goût, nous avions acheté des meubles… Et pour une fois dans ma vie, je pouvais m'asseoir et digérer les 20 années qui venaient de passer. Le premier printemps, Georges et moi sommes allés au Sénégal. C'est d'ailleurs en nous rendant à l'aéroport que Hadj a failli nous tuer. Au Maroc, les gens conduisent généralement vite, ils ne font pas toujours leurs arrêts et ne respectent pas forcément les lumières aux intersections. À cet égard, Hadj était foncièrement marocain. Ce matin-là, sur la route menant à l'aéroport, Hadj a complètement ignoré un feu rouge. Le problème, c'est qu'une auto arrivait dans l'autre sens, à la même vitesse que nous. Pour elle, la lumière était verte. Personne ne s'arrêtait. Georges, voyant le profil de sa mort se dessiner au beau milieu de cette intersection, a laissé s'échapper un long gémissement. Hadj n'a jamais ralenti. Il est passé à pleine vitesse, et c'est l'autre conducteur qui a fini par freiner.

Georges, tout pâle, s'est tourné vers Hadj.

«Hadj, vous n'avez pas vu que la lumière était rouge?»

Hadj a semblé étonné, sans plus. «Ah, il y avait une lumière?»

Une semaine plus tard, nous avions un autre chauffeur.

Le Sénégal aurait été beaucoup plus agréable si je n'avais pas été aussi malade. J'avais trop chaud et j'étais constamment étourdie. Je devais m'asseoir sur le trottoir à tous les trois coins de rue.

À notre retour, j'ai consulté un livre sur la ménopause, et je me reconnaissais dans les symptômes. J'ai téléphoné à mon médecin au Québec, car nous devions retourner au Canada pour quelques semaines et ramener Mathieu avec nous pour l'été. J'ai dit à mon médecin que j'allais mal, et je lui ai demandé de me prescrire des hormones. J'étais certaine d'être en préménopause. C'est ce qu'il a fait quand je l'ai vu, et ma vie a changé. Je suis redevenue énergique, plus agréable à côtoyer.

Entre-temps, Dominique ne s'adaptait pas très bien à notre nouvelle vie. Il aimait l'école américaine, mais surtout pour les amis qu'il s'y faisait. Il ne s'appliquait pas à ses devoirs et il était en danger de couler son année. Vers le début de février, il m'a annoncé que son père lui manquait et qu'il voulait retourner vivre avec lui, là-bas. Son moment préféré dans la semaine était l'appel de son père le vendredi soir. Je venais de le ravoir, et au début la vie ne m'avait pas accordé la chance de m'occuper de lui à temps plein. Je savais que Dominique m'en voulait encore de l'avoir envoyé au pensionnat, et je voyais cette nouvelle vie au Maroc comme une chance en or de rattraper un peu du temps perdu. Alors j'avoue que j'ai très mal pris sa décision. J'ai tenté par tous les moyens de le convaincre de rester, mais en vain. Il est retourné au Canada peu de temps après avoir terminé son année scolaire. Ça m'a fait beaucoup de peine.

∽

Après un séjour de quelques semaines au Canada, nous sommes retournés au Maroc le 24 juin. Deux jours plus tard, date de mon anniversaire, ma mère m'a téléphonée pour me dire que mon père allait très mal, et qu'il était entré à l'hôpital. Peu de temps après, elle m'a retéléphonée.

«Renée, j'ai été obligé d'autoriser les médecins à lui faire une trachéotomie. C'était ça où il mourait.» Elle m'a expliqué que mon père présentait un alarmant risque d'asphyxie, et que les médecins avaient dû lui ouvrir la trachée et lui installer une canule. J'ai commencé à avoir très peur pour lui. J'étais au bout du monde, mon père aurait pu mourir, et je n'étais pas là.

Ma mère me tenait au courant des développements. Mon père avait subi une deuxième opération parce que sa trachée s'était infectée. J'étais très inquiète. Je n'ai pu lui parler que quatre mois plus tard, en octobre, à sa sortie de l'hôpital. À partir de ce moment-là, nous avons mis de côté toutes nos réserves. Nous nous aimions, et nous nous le disions souvent. Notre relation est devenue très intense.

Pendant ce temps, je recevais de plus en plus d'appels de Dominique et de Jean-Guy. Ça n'allait pas très bien entre eux; ils ne voulaient plus vivre ensemble. Ils s'aimaient beaucoup, mais ils étaient absolument incompatibles, seuls dans la même maison. Dominique m'est donc revenu en mars 1990.

❧

Au mois de juin, je suis revenue passer une semaine au Québec avec Laurence. Pendant cette semaine-là, Michèle Richard m'a annoncé qu'elle allait se marier et qu'elle voulait que je sois sa dame d'honneur. Mais moi, je retournais bientôt au Maroc et l'avion coûtait très cher. Elle m'a offert de payer mon billet, et j'ai accepté à deux conditions: que je ne descende pas l'allée avec elle et qu'elle ne m'appelle pas sa dame d'honneur. Elle a accepté mes conditions, et c'est comme ça que je suis devenue son «ange gardien».

Nous avons passé l'été au Maroc avec les quatre enfants, et je suis revenue en septembre pour le mariage de Michèle. Pendant la semaine des noces, mon amie Claudine Bachand, adjointe de Guy Cloutier, m'a appris que, si jamais j'avais envie de revenir au show-business et de faire un album, Guy serait très intéressé. Je lui ai dit que pour le moment ça ne m'intéressait pas du tout, mais que je verrais en temps et lieu.

Quand je suis revenue au Maroc, les choses ont commencé à changer. C'était peu de temps avant la guerre du Golfe. Les Américains commençaient à quitter le Maroc. Il y avait des émeutes à Fès et aussi à Casablanca. Il y avait aussi deux autobus pleins de soldats armés au coin de notre rue, jour et nuit. Notre contrat s'achevait, mais nous avons accéléré notre départ. Ça me donnait une drôle d'impression; cette existence paradisiaque allait bientôt prendre fin. Nous avons commencé à organiser notre retour. Naïma manifestait le désir de venir s'installer au Québec. Georges et moi avons pris une dernière période de vacances ensemble, pendant une dizaine de jours, histoire de boucler la boucle. Nous sommes allés à Taroudannt, dans le sud du pays, et à Marrakech.

✎

Nous avions déjà fait les démarches pour envoyer nos meubles par bateau quand le patron de Georges lui a demandé de rester deux ans de plus. Notre villa étant déjà louée à quelqu'un d'autre, nous aurions été obligés de nous trouver une autre maison, cette fois-ci loin de la mer; avec le temps, nous avions découvert que Laurence était allergique à l'iode de la mer, ce qui avait fait qu'elle s'était mise à tousser dès notre arrivée. Elle était sur le Ventolin depuis l'été 1990. Finalement, nous avions conclu que nous pouvions nous installer temporairement dans un appartement pendant six mois, le temps que Georges entraîne un successeur. L'employeur de Georges, a refusé notre offre. C'était deux ans ou rien. Nous avons choisi la deuxième option.

✎

J'ai vraiment aimé Omar; en plus d'être respectueux comme pas un et de me protéger, il adorait Laurence. «Choupine» (son surnom jusqu'à l'âge de sept ans) était la reine de notre rue. Chaque maison avait son gardien; dès qu'elle sortait avec sa djellaba, tous les gardiens allaient la voir. C'est Omar qui m'a aidée à lui montrer à marcher. Le jour de notre départ du Maroc, il pleurait à chaudes larmes et il m'a prise dans ses bras, m'a serrée fort et m'a donné un bec sur la joue, geste très rare venant d'un homme arabe. Myriam aussi a beaucoup pleuré; elle perdait sa petite poupée. Fatima, une Arabe pure laine que tout le monde appelait *Moui* (mère), était elle aussi très triste; nous avions fait les démarches pour exaucer le vœu de Naïma de s'installer au Québec. Fatima perdait sa fille.

∾

Après une escale de trois jours à Paris, au cours de laquelle Choupine a soufflé les chandelles de son troisième gâteau d'anniversaire, nous sommes revenus au Québec.

Chapitre 15

NOTRE RETOUR AU QUÉBEC

ELLE ÉTAIT DEBOUT, ADMIRANT CE QU'ELLE CROYAIT être un océan de papillons blancs qui s'étendait autour d'elle. La neige! Nous passions la semaine suivant notre retour du Maroc dans un chalet de Sainte-Agathe, et Laurence, qui venait de passer ses trois premières années en Afrique, n'en avait jamais vu. Elle a aimé la neige, c'était une belle distraction dans d'agréables vacances; elle allait trouver, au fil des mois, que les vacances commençaient à être longues. Quand nous sommes revenus, le pédiatre lui avait enlevé son Ventolin d'un coup sec, ce qui l'a rendue nerveuse et désagréable. Elle voulait retourner chez elle. Elle regardait la maison de Greenfield Park.

«Je "m'aime" pas cette maison! Je veux retourner dans *ma* maison!»

L'été venu, je m'asseyais avec elle sur la balançoire et elle poussait son strident cri de bébé.

«Mouiiiiii! Myyyyyriaaaam!

— Pourquoi tu cries fort comme ça?

— Si je crie fort, ils vont m'entendre au Maroc. Tu sais c'est ma famille, je veux qu'ils viennent me voir!»

J'aurais peut-être dû aller voir un psychologue pour enfants, mais je ne l'ai pas fait; je ne savais pas trop comment réagir. La présence de Naïma, qui avait transporté son côté marocain chez nous, aidait Laurence à ne pas trop se sentir désorientée. Mais elle n'a jamais aimé notre maison de Greenfield Park et, jusqu'à l'âge de dix ans, elle allait me demander constamment de retourner au Maroc.

Elle a aussi gardé son petit accent français pendant des années. Je me souviendrai toujours de ce voyage en train que j'ai fait avec elle alors qu'elle avait trois ans et demi. Nous allions à Québec. Au cours du trajet, un homme, m'ayant reconnue, a offert à Laurence des «pinottes». Laurence, confuse, m'a demandé de quoi le monsieur parlait. Je lui ai dit qu'il lui offrait des cacahuètes et elle a compris. Revenue chez nous, elle était très fière de dire à son père qu'un monsieur lui avait donné des «épinottes».

✦

Trois mois après notre retour au Québec, j'ai téléphoné à Claudine Bachand pour lui dire que ça m'intéresserait peut-être de faire quelque chose avec Guy Cloutier. Après quelques rencontres, nous avons convenu de faire un album qui ne renfermerait que des chansons originales; différents musiciens composeraient la musique, et moi je signerais les textes. Pendant huit ou neuf mois, j'ai écrit tous les jours. Et contrairement à mon habitude de rédiger les paroles en fonction de la musique, les compositeurs écrivaient des musiques en fonction de mes textes, sauf André Gagnon, qui insiste toujours pour qu'on ajoute des paroles sur sa musique.

Mon premier choix de producteur a été Guy Trépanier, un ancien chanteur et auteur-compositeur devenu producteur que j'avais surtout apprécié en écoutant le premier album de Kasher. J'avais adoré sa façon de travailler; il était simple, efficace, mélodieux. Guy Trépanier faisait beaucoup de choses, et j'aimais tout ce qu'il faisait. Quand Guy Cloutier m'a demandé avec qui je voudrais travailler, ma réponse s'est vite fait entendre.

J'ai commencé à me retremper dans mon métier. Comme première émission, je suis allée faire *Ad Lib* pour parler à Jean-Pierre Coallier de ce que j'avais vécu au Maroc. Il m'a demandé en ondes de revenir deux semaines plus tard pour faire une émission spéciale country. J'ai dit oui, mais j'étais terriblement nerveuse. Deux semaines après, alors que je répétais mes chansons, j'ai aperçu un grand bonhomme à lunettes qui se promenait devant moi et qui secouait la tête, l'air dépité. Je me suis dit: «Tabarnouche, ce gars-là ne m'aime vraiment pas… Je dois chanter mal.» Peu après, il est venu me parler.

«Renée, t'es mon idole de jeunesse, t'as pas changé, j'adore tes chansons.» J'étais agréablement surprise, et on a jasé longuement.

C'était Gildor Roy.

C'est aussi lors de cette émission que j'ai rencontré Laurence Jalbert, et j'ai trouvé qu'elle avait une voix en or. Elle m'a donné son album et je l'ai écouté je ne sais trop combien de fois dans mon auto.

Pendant ce temps, la conceptrice Carmel Dumas préparait une télésérie spéciale de quatre heures, *Quand la chanson dit bonjour au country*, à laquelle elle m'avait demandé de participer. Elle organisait aussi un énorme spectacle qui allait être tenu en juin à Saint-Hyacinthe et qui allait réunir une trentaine d'artistes, dont moi. En même temps, on rendrait hommage aux trois pionniers de la musique country au Québec, soit Willie Lamothe, Paul Brunelle et mon père. C'était ma première présence sur scène depuis des années et j'étais excessivement nerveuse, mais je me suis bien tirée d'affaire. Le naturel était revenu au galop. L'hommage aux pionniers m'a beaucoup touchée; Patrick Norman et moi avons interprété un *medley* où nous reprenions des chansons de ces trois pionniers. C'était mon retour sur la scène québécoise, et interpréter des chansons comme *Un coin du ciel* pour mon père était très touchant.

Laurence a découvert que j'étais chanteuse quand un ami nous a montré le film d'un de mes spectacles. Elle a fait le saut quand elle a entendu ma présentation: «Mesdames et messieurs, Renée Martel!» Elle m'a demandé si c'était vraiment moi, et je lui ai expliqué ce que je faisais. Peut-être que je n'aurais pas dû, parce que quelque temps plus tard, lorsque nous attendions en ligne au magasin La Baie, elle m'a fait le même genre de présentation devant tous les autres clients.

«Mesdames et messieurs, Renée Martel!» J'avais assez honte. Plus tard, je lui ai expliqué qu'il y avait une distinction entre la chanteuse et la mère et que, pour elle, je serais toujours la mère.

À l'automne, j'étais soit au studio soit dans mon bureau en train d'écrire. Au beau milieu de la nuit du 10 au 11 octobre 1991, je me suis réveillée. Le lendemain, j'allais célébrer le 10ᵉ anniversaire de ma première thérapie. Je suis sortie de mon lit, j'ai descendu l'escalier, je me suis assise devant la table à café du salon, j'ai pris mon crayon, une feuille de papier, et j'ai écrit. Dix minutes plus tard, j'avais le texte de *Je reviens*. Les gens ont toujours pensé que j'avais écrit cette chanson-là parce que je revenais du Maroc, mais je parlais plutôt d'un voyage intérieur, d'un cheminement. Chaque chanson de l'album parle de quelqu'un dans ma vie. Entre autres, *Ton cheval blanc,* qui parle de Léandre. J'ai écrit des chansons pour Georges, et *Seule* parle de ma séparation d'avec Jean-Guy. J'ai composé *Laisse-moi te dire* pour Jean. Ça m'a pris énormément de temps pour écrire ces textes, et ç'a été comme une sorte d'exorcisme.

L'album *Authentique* est sorti en février 1992. J'ai fait le seul vidéoclip de ma carrière avec *Je reviens*. *Authentique* a, somme toute, été super bien accueilli, et a fini par vendre environ 35 000 exemplaires. Ça m'a rassurée parce que ça faisait longtemps que j'étais partie du Québec. En plus, l'album représentait un retour à la philosophie de mon album *Réflexions* (que des chansons originales) qui, rappelons-le, avait été un échec commercial. *Authentique,* c'était tout *moi*. Son succès m'a amenée à faire beaucoup de choses ce printemps-là, dont toutes les émissions de télé. Une fois rendue à l'été, on m'a invitée à faire les fêtes de la Saint-Jean. Les deux seuls artistes qui participaient aux festivités que je connaissais étaient Stephen Faulkner et Gildor Roy. Je ne connaissais *aucun* des autres. Marie Carmen, les B.B., etc. – je ne connaissais personne. Pendant les répétitions, je voulais m'asseoir. Il n'y avait qu'une place de libre, et elle était à côté d'un des B.B. J'ai demandé si je pouvais m'asseoir. Ils m'ont dit oui. Je me suis dit qu'il valait mieux me présenter. «Je me présente, je m'appelle Renée Martel.»

Les trois B.B. se sont mis à rire. L'un d'entre eux m'a rassurée. «On le sait, on est assez gênés de vous parler! Vous étiez mon idole quand j'étais jeune!» Ils m'appelaient madame, ils me vouvoyaient. Quand, plus tard, j'ai été me présenter aux autres artistes, ils ont tous réagi de la même façon. Je rencontrais la nouvelle génération d'artistes, et ça me faisait plaisir qu'ils me connaissent tous, mais je me demandais où était passée ma génération d'artistes à moi. Est-ce qu'un vent de changement avait emporté ma *gang*? C'était totalement différent. Je me mettais à côtoyer des artistes qui me disaient que j'étais leur idole. C'était une façon bien particulière de travailler.

Mais la cerise sur le gâteau, c'est Guy Cloutier qui me l'a servie. Un jour, il m'a dit qu'un journaliste du *Devoir* voulait faire une entrevue avec moi.

«Ben voyons donc, Guy, viens pas rire de moi! C'est à croire que *Le Devoir* va s'intéresser à moi.

– Non, non, je t'assure que c'est vrai. Leur journaliste Sylvain Cormier veut absolument te rencontrer, il t'aime beaucoup.

– Ah bon... OK.»

J'ai accepté, mais avec réserve. Quand j'ai vu arriver Sylvain Cormier avec son sac de papier brun regorgeant de mes disques, mes doutes se sont dissipés.

«Madame Martel, c'est pour vous montrer que c'est vrai que je vous aime beaucoup.»

Je lui ai accordé une longue et agréable entrevue. J'étais réconciliée avec le show-business. J'ai eu régulièrement l'occasion de reparler avec Sylvain par la suite, et nous nous sommes liés d'amitié.

∽

À l'automne, comme j'étais en nomination avec Bourbon Gauthier et Gildor Roy, l'ADISQ a monté un numéro country qui nous réunissait tous les trois. C'est Gildor qui a gagné le Félix de l'album country, et ce, avant notre numéro. J'étais contente pour lui, mais en même temps j'étais déçue; un Félix aurait bien coiffé mon retour. Pour le numéro, chacun faisait un bout de sa chanson. Bourbon, lui, chantait *Trente sous* et il s'était arrangé avec des gens dans les premières rangées pour que ceux-ci lancent des 25 sous sur la scène pendant sa chanson. Gildor s'est empressé de me dire de faire attention, mais peine perdue: j'ai reçu un 25 sous en plein dans l'œil. Moi, ça faisait neuf opérations que je subissais dans ce même œil. Inutile de dire que ce n'était pas ma soirée... En plus de ne pas avoir gagné, je me faisais lancer des 25 sous dans l'œil!

∽

Au début de 1993, on m'a approchée sérieusement pour animer une émission de country à Radio-Canada, qui porterait éventuellement le nom de *Country centre-ville*. L'émission était en fait l'amalgame de deux projets différents, un de Carmel Dumas et un de Guy Cloutier. L'enregistrement avait lieu à Moncton, au Nouveau-Brunswick. Bourbon Gauthier devait coanimer, mais il s'est désisté. J'ai alors opté pour Gildor Roy, avec qui j'ai enregistré le pilote en avril, mais lui aussi s'est désisté.

J'avais fait engager mon chef d'orchestre mais Radio-Canada l'a écarté, et ça m'a chatouillée. J'ai fait des démarches auprès de Claudine Bachand, mais en vain; elle m'a confirmé que Moncton voulait une forte présence acadienne, et que le chef d'orchestre serait un gars de Moncton dénommé Marc Beaulieu. Moi, Marc Beaulieu, je ne le connaissais pas, mais ça m'a rassurée de savoir qu'il était le chef d'orchestre de Roch Voisine. Je me suis dit que s'il était assez bon pour accompagner Roch Voisine, il n'aurait pas trop de problèmes avec *J'ai un amour qui ne veut pas mourir!*

Radio-Canada a organisé une rencontre entre Marc et moi. C'était deux jours après le spectacle de la Fête du Canada, dont Roch Voisine faisait partie. Je l'avais vu à la télé, et Marc l'accompagnait. On m'avait seulement dit que c'était un chef d'orchestre, pas de quel instrument il jouait, alors j'ai essayé de deviner lequel faisait plus «chef» parmi les musiciens de Roch. J'ai vu un gars à la guitare avec des lunettes et des cheveux courts. À côté de lui, un pianiste bougeait comme c'était pas possible, et il avait les cheveux très longs. Il avait l'air d'un petit garçon. J'ai d'abord cru que Marc était le guitariste *clean-cut* mais, le lendemain, c'est le pianiste aux cheveux longs qui a débarqué au restaurant. Il portait une queue de cheval, des bermudas, il était tout petit. Je me suis dit que c'était le petit garçon!

Ce fut une très heureuse rencontre. Au fil des ans, Marc est devenu mon chef d'orchestre à temps plein, nous avons écrit une chanson et nous fait trois merveilleux albums ensemble. Après cette rencontre, nous avons composé ensemble la chanson thème de *Country centre-ville*. J'ai immédiatement aimé sa sensibilité, sa perspicacité et, par-dessus tout, son immense talent. Ses arrangements sont toujours justes. Je me suis toujours sentie bien appuyée avec lui.

∽

L'année 1993 a été très occupée et très angoissante. Tout ça était très nouveau pour moi. L'aller-retour Montréal-Moncton n'était pas non plus de tout repos; quand j'étais à Moncton, je ne dormais presque pas. Nous enregistrions quatre émissions par semaine; j'interprétais toujours quelques chansons, et il y en avait toujours quelques-unes qui n'appartenaient pas à mon répertoire. Souvent, je chantais avec quelqu'un d'autre; il fallait donc que j'apprenne mes textes. La première année de *Country centre-ville*, nous nous arrangions pour qu'un des artistes invités de chaque émission coanime avec moi, histoire de m'aider un peu, moi qui n'étais pas animatrice de carrière. En octobre, j'ai profité de trois semaines de relâche pour aller en vacances à l'Auberge du Parc, à Paspébiac (un endroit de relaxation et de ressourcement que j'ai toujours aimé), avec mon bon ami Pascal Normand. J'en avais besoin; je commençais à être très fatiguée. Je n'étais plus habituée à ce rythme effréné de travail. Moi qui voulais faire un album, juste comme ça, et peut-être faire un peu de promotion, je m'étais laissé emporter par un immense tourbillon professionnel. Je fonctionnais à plein régime, chose que j'avais déjà faite mais, à l'époque, avec une meilleure santé.

Rendue aux Fêtes, j'étais en miettes.

Chapitre 16

La maladie frappe

Au terme de la première année de *Country centre-ville*, il était évident que des modifications s'imposaient. L'émission était plus ou moins placée, il y avait des choses que je n'aimais pas beaucoup, et quand nous avons entamé des négociations avec Radio-Canada, j'avais quatre changements majeurs à proposer. Je voulais qu'on remplace le guitariste en place par Jeff Smallwood; que Jean-Guy Grenier prenne la place du joueur de *steel guitar*; qu'on engage le violoniste André Proulx au besoin; et que Carmel Dumas m'accompagne sur le plateau pour me diriger en tout temps. Pour Jeff Smallwood: je ne voulais pas dénigrer le talent de qui que ce soit, mais je n'étais pas la seule à vouloir Jeff dans l'émission. Il a un talent fou. J'avais déjà commencé à travailler avec lui et je me disais que dans une émission country, il nous fallait le meilleur. Même chose pour Jean-Guy Grenier et André Proulx: pour moi, ils étaient les meilleurs dans leur style. Radio-Canada a tout de suite été d'accord pour Carmel Dumas, André Proulx et Jean-Guy Grenier. Là où ç'a commencé à tirailler, c'était pour Jeff Smallwood. Les gens de Radio-Canada trouvaient qu'ils m'en donnaient déjà beaucoup avec Carmel, Jean-Guy et André, et en plus de valoir plus cher qu'un musicien ordinaire, Jeff coûtait un billet d'avion et une chambre d'hôtel. Ils m'ont dit qu'ils n'engageraient pas Jeff Smallwood, et que c'était leur dernier mot. Alors moi j'ai dit à Claudine Bachand: «Tu leur diras que c'est Renée Martel et Jeff Smallwood, ou qu'il n'y a pas de Renée Martel, et que c'est mon dernier mot.» Elle m'a rappelée peu après pour me dire que c'était d'accord: ils embaucheraient Jeff.

Quand nous sommes arrivés à Moncton pour la première émission en 1994, la directrice de Radio-Canada Moncton est venue me voir pour me dire: «Renée, on a bien fait de prendre Jeff; ça sonne tellement bien.» Pas que les autres n'étaient pas bons, mais moi je savais à quel point mon émission serait meilleure si on engageait le meilleur guitariste. Je me disais, je veux que ça soit un *maudit bon* show country.

⁊

Au mois de mars, je suis tombée malade. J'ai été cinq semaines au lit; je perdais connaissance pour rien, je faisais une bronchite, une laryngite (j'ai l'impression que mes problèmes de poumons commençaient sérieusement; ça m'arrivait souvent de tousser du sang), et finalement j'ai été obligée de rester couchée. L'un de ces soirs-là, j'avais décidé de me risquer à aller voir Patrick Norman au Spectrum. Je me suis retrouvée à l'urgence de l'hôpital le lendemain matin. Je faisais une sorte de *burnout*. Au bout de ces cinq semaines, une amie de Québec m'a proposé d'aller chez elle une semaine, le temps de me retaper un peu.

Elle faisait presque tout pour moi; elle s'occupait de moi, me nourrissait, me sortait sur le balcon prendre autant d'air qu'il m'était possible… Et j'ai beaucoup réfléchi… Je suis revenue chez moi en transit (notre ami Robert Bergeron m'avait prêté sa maison à Val-David pour une semaine; j'y allais le lendemain de mon retour de Québec) et j'en ai profité pour faire part à Georges de mes décisions.

«Premièrement, j'aimerais que Naïma s'en aille. Laurence va à l'école, elle n'a plus besoin d'une gouvernante à temps plein. Je vais essayer de lui trouver un autre travail, mais il est temps qu'elle quitte notre maison, qu'elle se fasse une vie à elle. Et je ne me sens pas capable de m'occuper des deux garçons; ils devraient se prendre en main. [Catherine était déjà partie depuis quelques mois; il ne restait que Dominique et Mathieu.] Et je ne finirai pas 1994 sans être propriétaire d'une maison dans les Cantons de l'Est – j'y rêve depuis que j'ai 16 ans, et il est grand temps que mon rêve se réalise.»

Georges n'avait qu'une question.

«Moi, je suis dans tes plans ou non?

– Oui.»

Tout a fini par rentrer dans l'ordre: j'ai aidé Naïma à se trouver un emploi de gouvernante chez quelqu'un de confiance, et elle a emménagé dans un appartement derrière notre maison de Greenfield Park. Mathieu et Dominique, eux, ont chacun trouvé un logement.

Quelque temps plus tard, j'ai fini par trouver «ma» maison: une superbe propriété en Estrie, une ancienne école de rang. J'ai entamé les négociations pour l'acheter et je l'ai fait visiter à Georges, qui ne croyait pas que je pouvais être en amour avec une maison comme celle-là; car il faut bien le dire, elle était en désordre. Mais ça pouvait s'arranger. Pour le convaincre, je lui ai montré le terrain de six acres et demie. Là, il s'est mis à sourire et, peu de temps après, il m'a même proposé d'acheter cette propriété à deux. En 1994, j'ai passé mon premier été dans ma maison de campagne avec Laurence. Je n'avais jamais oublié sa réaction quand elle avait vu pour la première fois notre maison de Greenfield Park («C'est pas ma maison, ça!»). J'avais peur qu'elle éprouve le même sentiment d'aliénation pour cette maison et qu'elle me redemande de retourner au Maroc, chez elle – qu'elle rejette d'emblée mon rêve de jeunesse. Mais quand elle y est entrée, elle l'a immédiatement adorée. C'est devenu «sa» maison. Elle avait six ans.

Une nuit, fin juillet, je me suis réveillée avec de la fièvre et je tremblais de tous mes membres. J'ai fermé les yeux, redoutant ce que ça pouvait être. «Ah non, pas une autre pyélonéphrite.» Je souffrais exactement des mêmes symptômes. Le matin, mon médecin m'a prescrit des antibiotiques que je suis allée chercher au village, de peine et de misère. De retour chez moi, plus faible que jamais, je me suis couchée; même emmitouflée dans ma couverture électrique, au beau milieu d'une canicule, je grelottais. Je commençais à délirer; la petite avait peur. S'il fallait que je m'évanouisse, Laurence ne saurait pas quoi faire. J'ai laissé un message sur le répondeur d'une dame qui habitait près de chez moi et qui était très engagée au sein de la communauté. J'ai aussi téléphoné à un voisin qui était venu quelques semaines auparavant nous présenter ses trois garçons, au cas où Laurence voudrait jouer avec eux. Je lui ai expliqué la situation et il est venu prendre Laurence. La dame est arrivée en même temps que lui et m'a emmenée à la clinique de Knowlton. En me voyant, le médecin m'a tout de suite envoyée à l'urgence de l'hôpital Brome-Missisquoi-Perkins (BMP) de Cowansville, où l'on m'a immédiatement traitée aux antibiotiques par intraveineuse et au Demerol. J'ai passé cinq jours à l'hôpital. À ma sortie, le médecin m'a bien avertie.

«Madame Martel, repos absolu pendant quelques mois.»

Évidemment, trois semaines plus tard, j'étais en talons hauts à Moncton pour *Country centre-ville*. En plus de faire cette émission, j'étais présidente d'honneur du Festival western de Saint-Tite, où je donnais aussi un spectacle. Quand j'avais fini à Moncton, je défaisais ma valise, j'en faisais une autre et je repartais pour Saint-Tite. À l'automne 1994, j'ai travaillé presque tous les jours.

Pendant cette année-là, à part *Country centre-ville*, je n'avais pas fait de spectacle comme tel. De plus, ma relation avec Guy Cloutier était plus ou moins bonne. J'essayais de le joindre au bureau, mais il ne retournait pas mes appels. Finalement je l'ai rejoint sur son cellulaire.

«Guy, j'aimerais ça qu'on se voie. Je voudrais savoir qu'est-ce qu'on va faire en 1995. Il me semble que je n'ai pas beaucoup de spectacles en vue.

– Renée, t'as une émission à la télé, t'es là toutes les semaines, et t'es pas encore contente.»

Tous les enregistrements de *Country centre-ville* se faisaient l'automne. Le restant de l'année, j'avais très peu d'engagements, donc très peu de cachets. Étalés sur 12 mois, mes chèques de *Country centre-ville* n'étaient plus très, très payants. Guy ne se rendait pas compte de ça. Je lui ai dit que c'était correct, j'ai raccroché, et ç'a été une de nos dernières conversations d'affaires.

⁖

En octobre 1995, L'ADISQ voulait que je présente un trophée avec Michèle Richard. J'avais deux billets, mais Georges ne pouvait pas venir. J'ai donc invité Carmel Dumas à y aller avec moi, entre filles. Nous étions placées dans la troisième ou quatrième rangée. Peu avant le gala, Guy Cloutier est venu me voir.

«Renée, donne-moi tes deux billets.

– Hein? Pourquoi?

– Véro [sa fille] est finalement venue avec son chum. Je vais lui donner tes deux billets pour qu'ils soient assis ensemble. J'ai un billet dans le milieu de la salle pour Carmel, et toi je te donne celui de Véro.»

Je n'ai pas vérifié où se trouvait la place de Véro. Je lui ai donné les billets. C'est après que j'ai constaté que j'étais assise seule, en avant sur le coin, avec Vilain Pingouin, les Colocs, Rudeluck, etc. Inutile de dire qu'avec mon marabout après les manches et mes grands talons, je n'étais vraiment pas dans mon élément… Le gars à côté de moi portait des gros *running shoes* sales qu'il accotait toujours sur ma jupe… Malgré la quasi insupportable envie de déguerpir, je suis restée jusqu'à la fin du gala. Quelle soirée déplaisante j'ai passée, c'était effrayant! Véro était assise deux bancs derrière moi avec son chum. J'ai réfléchi toute la soirée et je me suis dit que c'était assez.

J'ai passé l'après-gala avec André Di Cesare, André Gagnon, Patrick Norman (en fait, l'équipe des Disques Star), Carmel Dumas et son mari, le journaliste Daniel Rioux. Et là, j'ai eu beaucoup de plaisir; je me sentais à l'aise, avec ma famille. Le lendemain, j'ai raconté mon gala d'enfer à Georges. Évidemment, il était scandalisé. Je lui ai aussi raconté ma soirée avec mes amis, et c'est là qu'il m'a suggéré carrément de retourner avec eux – de quitter l'équipe de Guy Cloutier et de retourner avec les Disques Star. Mon contrat avec Guy prenait fin un mois ou deux plus tard, et l'idée de revenir avec les Disques Star me plaisait, mais j'avais mes doutes.

«J'ai peur qu'André ne veuille pas.

– Renée, le pire qu'il puisse te dire, c'est non. Il ne t'arrachera pas la tête.»

Ça m'a convaincue. Le lendemain matin, j'étais au téléphone avec André.

«Écoute André, qu'est-ce que tu dirais si je te confiais que j'ai envie de travailler avec toi de nouveau?

– Je te dirais que ça m'intéresse beaucoup!»

Il m'a proposé de le rencontrer afin que nous dressions un plan de carrière. Ce meeting en a entraîné d'autres, ceux-ci portant sur les conditions financières de mon retour au bercail.

Mais il restait un détail: Guy ne savait rien de ma décision. Il fallait que je lui envoie une lettre l'avertissant que je ne renouvellerais pas mon contrat. J'avais quelques engagements dans le temps des Fêtes, dont *Ad Lib*, émission qui précédait d'une journée l'envoi de cette lettre. Guy était là. J'avais la lettre dans mon sac, tout écrite, prête à envoyer. Après l'émission, je suis allée manger dans un restaurant de la rue René-Lévesque avec des amies, et Guy s'y trouvait par pur hasard. Je ne suis pas allée m'asseoir avec lui parce que je me sentais terriblement mal à l'aise. Finalement, le lendemain matin, je lui ai fait envoyer la lettre par messager.

Claudine Bachand m'a téléphoné peu de temps après; je lui avais demandé de me relater la réaction de Guy à la lecture de ma lettre. «Il est resté surpris… et aussi, il n'a pas trouvé ça correct. Il trouve que tu aurais dû lui en parler hier soir au restaurant.» Guy a été longtemps sans me parler – encore une fois –, mais je n'ai jamais regretté ce changement. Et tout s'est arrangé entre nous quand j'ai participé à un hommage qui lui était consacré au Capitole de Québec, quelques années plus tard.

Mon transfert a été officiel en janvier 1995. Après avoir signé mon contrat avec les Disques Star, j'ai téléphoné à André Gagnon pour lui annoncer fièrement que nous étions maintenant dans le même camp!

Mes spectacles en début d'année ont provoqué une certaine controverse: je chantais seule avec une bande sonore. Je faisais des salles, des 25ᵉ anniversaires de mariage, des festivals. Je n'ai pas fait ça longtemps parce que ça me mettait trop mal à l'aise. Je voulais bien divertir les gens, mais je n'avais pas la complicité que seuls des musiciens peuvent donner. Les gens s'attendaient à voir un vrai spectacle et ils n'avaient droit qu'à une Renée Martel seule sur scène avec ses bandes. Ils n'aimaient vraiment pas ça; régulièrement, quand j'avais fini mon spectacle, ils me disaient: «La prochaine fois tu devrais emmener de vrais musiciens.» J'étais doublement mal à l'aise parce qu'en plus de sympathiser avec eux je voyais l'envers de la médaille. Mes spectacles coûtaient moins cher, mais je retournais chez moi avec beaucoup plus d'argent dans mes poches. Mais tout l'argent du monde n'aurait pas changé l'essentiel: un spectacle sans musiciens, c'est joyeusement *plate*. Je ne me sentais pas performante, ni honnête envers le public.

André Di Cesare non plus ne se sentait pas à l'aise avec ces spectacles, qui allaient directement à l'encontre de notre nouveau plan de carrière, qui favorisait avant tout la crédibilité et le rapprochement avec le public. Nous voulions faire des albums typiquement country, fidèles à mes racines et enregistrés sans compromis. Nous ne ferions plus de disques pour les postes de radio; de toute façon, il n'y avait rien à faire: je ne tournais plus à la radio. Les gens de ma génération ont eu leur époque, mais là, on avait beau s'appeler comme on voulait, on ne tournait pas. J'aurais pu faire le meilleur disque de la terre, ça n'aurait rien changé. Avant de partir pour le Maroc, tourner à la radio n'était pas un problème pour moi, loin de là. Quand je suis revenue et que j'ai fait mon album *Authentique*, je m'attendais tout naturellement à ce que ce soit la même chose. Mais *Authentique* n'a presque pas joué à la radio. La chanson *Je reviens* a passé quelques fois, mais après ça, rien ou à peu près. De ce côté-là, *Authentique* a été une déception. C'est à partir de ce moment que je me suis dit qu'il fallait que je change mon fusil d'épaule, et j'imagine que les ventes très respectables d'*Authentique* m'ont aidée à réaliser que le succès populaire ne passait pas toujours nécessairement par les radios. Ma conviction était là, la preuve allait venir: mes trois derniers albums avec les Disques Star allaient se vendre, en tout, à près de 200 000 exemplaires, et ce, sans l'aide de CKOI, CITÉ Rock-Détente, CFGL, etc. André et moi voulions faire des disques pour le vrai monde… et pour moi. Si j'avais envie de chanter *Quand le soleil dit bonjour aux montagnes*, j'allais le chanter (et je l'ai fait). Désormais, je n'aurais pas peur de chanter mes racines. Inutile de dire, donc, que ces spectacles sans musiciens n'allaient pas m'aider à retrouver mes «racines».

J'ai donc monté un petit spectacle acoustique, plus près des gens, avec deux musiciens, Marc Beaulieu et Jeff Smallwood. Je n'avais jamais travaillé avec seulement deux musiciens, mais avec ces deux-là, je ne me trompais pas. Sauf qu'après quelques spectacles Jeff n'était plus disponible; il venait de faire un album solo qui l'occupait énormément. Peu de temps après, c'est Marc qui ne pouvait plus me suivre; il produisait des albums, il faisait de la télé et il était occupé avec Roch Voisine. Finalement, j'ai engagé un autre pianiste et Jean-Guy Grenier, et c'est avec ces deux-là que j'ai donné plein de spectacles agréables.

Pendant ce temps, André et moi avions décidé de commencer notre association par un album de Noël. Je n'étais plus une petite fille qui chantait *Liverpool*, j'avais bien entamé la quarantaine et j'avais moi-même des enfants, dont une fille de sept ans. Je voulais que, quand j'arriverais en entrevue – je ne me prépare jamais pour les entrevues –, ça soit facile de parler des enfants et des Noëls en leur compagnie. Je n'étais plus la fille de 25 ans qui essayait de vendre les textes matures de *Réflexions*. C'est donc avec mes deux musiciens que j'ai entamé un super spectacle mi-Noël, mi-chansons populaires de Renée Martel, à travers lequel je racontais ma vie. Le spectacle durait deux heures, et il était très intime; j'avais un contact avec les gens que je n'avais jamais eu auparavant.

Pendant ce temps, j'étais en constant chambardement: nous avions vendu notre maison de Greenfield Park et nous devions déménager certains effets dans notre nouvelle demeure de Knowlton, et certains autres dans un condo que nous venions de louer à Saint-Lambert. À ce moment-là, je travaillais encore trop pour m'établir à Knowlton. Donc, je courais à droite et à gauche pour coordonner les déménagements. En plus, Laurence fréquentait désormais une école de Saint-Lambert où ça allait très mal pour elle: elle ne supportait pas l'école, et vice-versa. Elle était d'ailleurs en danger d'échec, elle qui n'avait jamais eu de mauvaises notes auparavant. Ç'a duré presque deux mois, mais ç'a été une période où elle a été très malheureuse. Ses malheurs allaient, quelques mois plus tard, entraîner mon déménagement à temps plein à Knowlton.

En décembre 1995, j'ai fini d'enregistrer ma troisième saison de *Country centre-ville*, et qui allait être la dernière. J'aurais dû m'en rendre compte: les choses avaient changé. Je pense qu'à Moncton ils savaient déjà que ce serait la dernière saison, et c'est ce qui me blesse encore aujourd'hui à propos de *Country centre-ville*: d'avoir été la toute dernière personne de l'émission à savoir que c'était fini. Au fil des mois et des ans, j'ai recueilli plusieurs versions, certaines plus crédibles que d'autres, et desquelles je tire une espèce de version finale: quand j'ai accepté de faire *Country centre-ville*, j'étais une sauveuse car Radio-Canada allait fermer sa station de Moncton. Je me souviendrai toujours de ma première émission, quand le réalisateur était venu me voir pour me remercier d'avoir sauvé le job de toute l'équipe. Je ne faisais pas ça pour sauver le monde, mais ça ne change pas les faits. Mais au cours de la dernière saison, RDI était arrivé à Moncton, et j'ai senti que l'équipe de cette ville ne se battait plus pour garder *Country centre-ville*, puisque maintenant elle avait autre chose. Encore là, je ne dirais rien si l'émission avait sombré dans l'indifférence populaire, mais ce n'était pas le cas: nous attirions encore, en moyenne, de 300 000 à 400 000 téléspectateurs par semaine. Quand je demandais des nouvelles aux dirigeants de Radio-Canada Moncton pour savoir si l'émission revenait, ils étaient très vagues. Et ça, ça m'a beaucoup dérangée: peut-être que je n'allais pas revenir, peut-être que c'était vraiment la fin, mais je n'ai senti aucun appui de la part des gens là-bas. Je me demande à quel point toute fin de série ne constitue pas une certaine déception, mais il y a eu beaucoup de mystère dans cette histoire-là; il y a des choses que je sais, et bien des choses que je ne sais pas. La dernière fois que je me suis rendue à Moncton pour enregistrer deux émissions spéciales, dans lesquelles je présentais des extraits des meilleurs moments, je suis allée manger avec mon réalisateur et la directrice du poste SRC Moncton, et ils ne m'ont pas dit que c'était terminé pour *Country centre-ville*. Je trouve ça très dommage car, dans la plupart des histoires de la sorte que j'entends, les principaux intéressés sont toujours les derniers à apprendre que leur émission se termine. Souvent, ils l'apprennent par les médias. Moi, on me disait que les choses allaient s'arranger, que tout allait rentrer dans l'ordre, que quelqu'un allait me donner des nouvelles… Et je n'en ai jamais eu. Je l'ai su par mon producteur et gérant, André Di Cesare, qui avait parlé au directeur des variétés de la SRC, à l'époque. Je ne vais quand même pas faire sauter la baraque parce que je n'ai plus mon émission de télé. J'adorais faire *Country centre-ville*. Ça m'a permis d'acquérir de l'expérience en tant qu'animatrice et d'avoir un contact avec toute une équipe de production. J'en garde un très heureux souvenir.

Chapitre 17

L'heure de la retraite

En début d'année 1996, je suis partie pour deux semaines à Knowlton, seule, tranquille, le temps de me ressourcer. Ça faisait un bout de temps que je pensais venir m'y installer à temps plein. En plus, je voyais que Laurence était prête; il était de plus en plus évident qu'elle ne s'adaptait pas à son entourage à Saint-Lambert, mais que, en revanche, elle adorait la maison à la campagne. J'ai donc apporté son bulletin scolaire avec moi, et je suis allée voir le directeur de l'école au village. Celui-ci m'a clairement dit que Laurence allait inévitablement échouer son année scolaire si elle restait dans son école, et qu'il était prêt à la prendre. J'ai téléphoné à Georges et nous avons instantanément pris la décision de la changer d'école, de l'emmener à Knowlton à temps plein. Laurence est arrivée deux jours après. Cette enfant-là était tellement contente quand elle a su qu'elle allait habiter «sa maison»! Je n'ai jamais remis les pieds dans notre condo de Saint-Lambert sauf pour déménager. Laurence est tombée en amour avec sa nouvelle école. Enfin elle était heureuse.

Au mois d'octobre, ma mère m'a téléphoné et elle pleurait. «Renée, quelque chose est arrivé.

– Quoi? Qu'est-ce qui est arrivé?

– Ben, c'est Madame Sawyer. Elle est décédée.»

J'ai réagi comme quelqu'un qui perdait sa mère. Cette réaction a sûrement fait de la peine à ma mère, la vraie, mais… J'aimais les Sawyer comme mes propres parents, et je tenais à vivre mon deuil. Ç'a été long avant que je me remette de ce décès. Au salon funéraire, je la trouvais belle. Je lui avais écrit une lettre que j'ai mise dans sa poche; je lui disais que je l'aimais et que je lui demandais de veiller sur moi et mes enfants.

∽

André m'a proposé de faire un autre album. Nous avions entamé des discussions à ce sujet l'année précédente, sans toutefois en arriver à une conclusion. Mais cette année-là, j'étais prête: je lui ai parlé du spectacle tout à fait country que j'avais monté, où j'interprétais des chansons comme *Quand le soleil dit bonjour aux montagnes* et celles de pionniers comme Paul Brunelle. Les gens aimaient ça. André a suggéré que nous fassions l'album dans cette veine, et que nous l'appelions *Country*.

C'est pendant cet été-là, en 1997, que Johnny Farago est mort. Tout le monde est d'accord pour dire que c'est le show-business qui, le 31 juillet 1997, a tué Johnny. Il était travaillant, il avait le cœur plus grand que la terre et il a combattu, comme un diable dans l'eau bénite, l'assommante indifférence que l'intelligentsia québécoise lui témoignait. Plusieurs oublient que Johnny était beaucoup plus qu'un imitateur d'Elvis Presley. C'était une voix, une bête de scène, les gens l'aimaient. Il a beaucoup trop forcé pour rester dans le milieu. À la fin, il était en train de monter un immense spectacle (qui aurait probablement marché) avec son fils.

Je me rappelle que j'étais en train de peinturer une chambre en haut chez moi quand le téléphone a sonné. C'était Émile Campanello, adjoint d'André Di Cesare, qui m'a annoncé que Johnny venait de faire un infarctus. Je n'ai pas réalisé que c'était très sérieux. C'est seulement quand Michèle Richard m'a téléphoné en larmes un peu plus tard que j'ai su qu'il ne passerait pas au travers. Mais là encore, je ne le croyais pas. Ç'a pris un autre appel, le dernier cette fois, pour me convaincre. Johnny était quelqu'un de ma génération, que j'adorais, et qui est mort subitement – il parlait au téléphone avec un ami et il s'est effondré. Mais même s'il ne prenait pas particulièrement soin de lui, et que la mort prématurée d'un *workaholic* comme lui n'est pas en soi surprenante, je me demandais à quoi, moi, je tenais, si mon ami Johnny était parti aussi subitement. Aujourd'hui encore, il me manque terriblement. Ça m'a fait un choc épouvantable de le voir dans son cercueil; il était toujours aussi énergique, et là, plus rien. J'ai été longtemps sans pouvoir écouter ses chansons.

C'est à l'automne que j'ai préparé l'album *Country* avec Marc Beaulieu et Jeff Smallwood; je ne voulais pas travailler avec d'autres réalisateurs. J'étais habituée à eux; ils connaissaient mon son. Chacun mettait ses idées dans chaque chanson. Nous avons décidé de faire trois chansons de mon père. Un soir, j'ai dit à Marc et Jeff que ça serait tellement plaisant de pouvoir prendre la guitare de mon père pour faire l'album. Cette guitare, la même sur laquelle il a joué durant toute sa carrière, était son bien le plus précieux; personne n'avait le droit de la toucher sauf lui. Jeff, collectionneur de guitares, rêvait d'en jouer. J'ai pris mon courage à deux mains et j'ai téléphoné à mon père.

«Papa, j'ai quelque chose à te demander. Je ne peux pas te dire ce que je suis en train de faire [je ne lui avais absolument rien révélé de l'album], mais j'aimerais ça que tu me prêtes ta guitare pour une session.»

Pauvre de lui, il s'est presque étouffé au téléphone. L'audace que j'avais!

«Pas question! Cette guitare-là ne sort pas d'ici! Non!

– Écoute, tu pourrais confier la guitare à quelqu'un de confiance, qui l'apporterait au studio et la surveillerait. Après ça, il te la ramènerait.

– Ah, toi, rappelle-moi dans une heure!»

J'étais convaincue qu'il ne voudrait rien savoir, une heure ou un siècle plus tard. Mais quand je l'ai rappelé une heure plus tard, il avait changé d'idée.

«C'est ben juste parce que c'est toi! Cette guitare-là n'est jamais sortie d'ici... C'est OK, mais à la condition que ça soit juste Jeff qui joue dessus. Je ne veux que personne d'autre que Jeff Smallwood mette les doigts sur cette guitare-là.» Nous avons emmené la guitare en studio, Jeff a joué ses chansons, puis nous avons retourné la guitare à mon père. Elle était intacte; il était content.

Quelque temps plus tard, j'ai participé à un festival à Nouvelle, en Gaspésie. Jean-Guy Grenier et John, mon pianiste, travaillaient avec deux autres musiciens avec qui je n'avais jamais répété. Mais dès les premières mesures, n'importe qui aurait juré que ça faisait dix ans que nous étions ensemble. Je n'en revenais pas, et ça m'a réellement fait plaisir de travailler avec quatre musiciens qui ne coûtaient pas une fortune, qui étaient bons, fins, et qui en plus, venaient me dire à quel point ils aimaient faire des spectacles avec moi, que c'était pour eux un honneur. C'est d'ailleurs avec eux que j'ai terminé ma carrière de spectacles.

J'ai fini l'enregistrement de l'album *Country* au tout début de janvier 1998, le soir même avant le début de la fameuse tempête de verglas. Le lendemain matin, dans notre nouveau pied-à-terre rue de la Montagne, à Montréal (Georges travaillait maintenant au centre-ville, son associé Robert Bergeron et lui ayant acheté une compagnie; Georges commençait à trouver très pénible le va-et-vient quotidien Knowlton-Montréal), je me suis réveillée et il y avait 4 pouces, sinon plus, de glace partout sur le Jeep. Ça m'a pris au moins une heure pour libérer une partie de ce tas de glace de mon véhicule, et enfin partir pour Knowlton. Je n'avais pas encore écouté la radio. Je roulais doucement sur l'autoroute et je voyais partout des arbres cassés; je croyais rêver. Arrivée à Knowlton, j'ai prévenu Georges, qui devait partir pour Montréal. Évidemment, il n'a pas cru que ça pouvait être aussi épouvantable que je lui laissais croire. C'est arrivé à Montréal qu'il m'a téléphoné, presque pour s'excuser. C'était effectivement terrible.

Une fois le verglas terminé et la situation d'urgence nationale levée, j'ai dit à tout le monde que cette année-là je ferais du ski. Je trouvais ridicule d'habiter à quelques minutes de marche d'un centre de ski et de ne pas en profiter. Je me suis inscrite à des cours, et ce, tout de suite après le verglas. Au troisième cours, le 13 février, je n'avais pas envie d'y aller. Mais je m'étais juré de ne pas annuler mes rendez-vous, de ne pas lâcher. Alors j'ai pris mes bottes et mes skis, et j'y suis allée. Nous étions assis dans le remonte-pente quand mon ski gauche s'est détaché et est tombé. Quelqu'un l'a mis sur une chaise qui montait et me l'a apporté en haut. En le remettant, je me disais que mon ski se détachait beaucoup trop facilement. C'était peu connaître l'avenir, car quand j'ai perdu le contrôle en pleine descente à cause d'une trop légère couche de neige sur la glace et que je suis tombée les jambes repliées, tout mon poids sur mon genou gauche, déchirant celui-ci en trois endroits – ce qui allait marquer le début d'une longue et pénible année de handicap, d'inactivité, d'angoisse et de physio-thérapie –, mes deux skis ne se sont jamais détachés.

À l'urgence, on m'a immédiatement placée sur une civière. Georges, que j'avais eu le temps d'appeler, est arrivé en même temps que moi. Je ne me possédais plus, tellement j'avais mal. La première chose que les médecins ont faite, ç'a été de me calmer avec du Demerol. Ils m'ont gelé la jambe et ont été obligés d'opérer tout de suite parce qu'il y avait une dangereuse accumulation de sang autour de mon genou. J'étais arrivée à l'urgence à 16 h et j'en suis partie à 21 h. J'avais un appareil pour la nuit, mes anti-douleur et mes anti-inflammatoires.

Le lundi suivant, une orthopédiste m'a confirmé que j'étais bel et bien en mauvaise condition. Le ligament extérieur de mon genou avait sauté sur le coup, le ménisque était séparé et le croisé était déchiré, et l'est encore à ce jour. J'ai dû être au lit et en fauteuil roulant pendant deux mois.

L'album *Country* sortait 12 jours après. Je ne savais pas quoi faire, mais une chose était certaine: il n'était pas question que cet album-là ne voit pas le jour. J'avais hâte que le monde l'entende. Finalement, je suis allée faire mon lancement de disque à Montréal armée de deux béquilles et d'une orthèse.

Après le lancement, je suis allée à Québec, et c'est de l'hôtel Le Concorde (belle suite, en passant: des fleurs de bienvenue de la part du directeur, immense chambre, salon superbe, salle de bains, tout le *kit*, MAIS JE NE MARCHAIS PAS!) que j'ai appelé mon père pour entendre de vive voix sa réaction au sujet de l'album, qui était jusqu'à ce jour un secret bien gardé. Ma mère était venue au lancement et je lui avais remis une copie du disque. Au moment d'appeler mon père, je jugeais qu'il avait amplement eu le temps de l'écouter.

Il s'est mis à pleurer au téléphone, à peine capable de prononcer ces mots que jamais je n'oublierai: «C'est beau en *crisse*… J'peux pas parler, trop ému. Je vais te le dire demain.» Le lendemain, il m'a dit qu'il n'avait jamais entendu un plus beau disque de sa vie.

∽

J'ai fait beaucoup de promotion par téléphone. Je faisais de la physiothérapie trois fois par semaine et je ne pouvais pas me déplacer. Chez moi j'étais en fauteuil roulant, et les rares fois où j'allais faire ma promotion en personne, j'étais en béquilles. Je me souviens avoir été faire un télé-thon à Québec le lendemain d'une orthoscopie. Ça me faisait tellement mal que je n'entendais plus rien; j'étais complètement désynchronisée des musiciens, je me suis trompée plein de fois. Je m'en suis sortie tant bien que mal, mais disons que ça n'a pas été la fois où les gens m'ont dit: «Wow! On t'a vue à la télé hier, c'était bon.» Personne ne m'en a parlé, curieusement, on m'a seule-ment dit que j'avais une belle robe!

Malgré une promotion difficile, la réaction à *Country* a été exactement ce qu'André et moi désirions depuis le début: faire ce qu'on aimait, mais en même temps que les médias aiment ça. C'est là où je me suis rendu compte que, dans la vie, quand on est authentique, vraie, quand on n'essaie pas d'être autre chose que ce qu'on est, les gens nous aiment davantage. Toutes les critiques ont été bonnes, et l'album s'est vendu énormément.

∽

Vers le mois de mai, on m'a appris que je devrais subir une opération au genou en juillet et que je ne pouvais pas l'évi-ter. J'ai été opérée le 7 juillet, jour de l'anniversaire de Georges. Après l'intervention, je suis retournée dans mon fauteuil roulant et j'ai passé l'été soit assise sur ma gale-rie à admirer le paysage, soit dans mon fauteuil. Georges travaillait, alors j'avais besoin de quelqu'un d'autre à tout moment pour m'aider. Ma mère, des amis de mes parents, Dominique, d'autres personnes… plein de gens m'ont prêté main-forte cet été-là, et la présence constante de personnes plus ou moins familières a commencé à agacer Laurence. C'est devenu difficile; elle ne voulait plus voir de monde dans sa maison. Elle pleurait parce qu'elle était tannée de me voir en fauteuil roulant. Elle voulait que je marche. Elle est devenue ma mère à force de me materner; c'est anormal qu'une fillette de 10 ans prenne soin de sa mère de 51 ans, mais c'était ainsi.

Pendant cet été-là, André Di Cesare a eu un de ses nombreux flashes: sortir un disque de Patrick (Norman) & Renée, histoire de souligner le 20e anniversaire de notre association professionnelle, et de couronner le tout par une série de spectacles au Casino de Montréal. Travailler avec Patrick avait toujours été de l'or pour moi. De plus, mon orthopédiste m'avait dit que je pourrais recommencer à marcher fin août. Finalement, j'ai accepté et André a lancé l'album en question. C'est chez moi, en Estrie, qu'on a enregistré la bande-annonce du disque. Ne marchant toujours pas, je devais me faire transporter par Patrick et Émile.

Au cours d'une de nos répétitions, Émile Campanello m'a annoncé que mon disque était en nomination au gala de l'ADISQ pour l'album country de l'année. J'étais très heureuse de ça, mais là, Émile a annoncé la même chose à Patrick, pour son groupe les Fabuleux Élégants, issu de son alliance avec Jeff Smallwood, William Dunker et Bourbon Gauthier. Et dans mon cœur, ç'a fait: «Ça y est, je viens de perdre mon Félix.» Les Fabuleux Élégants étaient nouveaux et super bons, et je les voyais très bien remporter cet honneur. Je l'ai d'ailleurs dit à Patrick, qui s'est empressé de rire de moi: «Voyons donc, Renée, on n'est pas *Country*, c'est toi qui es *Country*, tu vas l'avoir.»

Le spectacle au Casino était supposé durer une semaine, mais il a connu une telle popularité que les promoteurs nous ont demandé de prolonger notre engagement d'une autre semaine. Nous avons accepté, mais je dois avouer que ç'a été très difficile pour moi; je toussais du sang régulièrement depuis notre toute première répétition. Ça m'arrivait environ deux ou trois fois par année, et je ne m'en étais jamais occupée. J'en ai parlé à une choriste.

«Bon, ça va bien, je tousse du sang…

– Hein? Tu tousses du sang?

– Ben oui, ça m'arrive de temps en temps. J'imagine que je suis fatiguée, stressée, je ne sais pas…

– Ben voyons donc, va voir un médecin, ce n'est pas normal du tout de tousser du sang.»

J'ai dit oui mais, comme de raison, je ne suis pas allée voir un médecin. D'habitude, ça durait quelques jours – deux ou trois au maximum – et ça partait. Mais là, ça ne partait plus. Je toussais du sang sans arrêt, j'imbibais des mouchoirs entiers, je toussais. Mais je n'allais pas voir de médecin. En plus, le dernier soir du Casino, qui était un dimanche, j'avais un engagement qui chevauchait notre spectacle (imprévu au départ, puisque nous ne devions jouer qu'une semaine). J'ai donc fait reporter à minuit cet engagement, d'abord prévu pour 21 h, afin de donner mon spectacle au Casino, qui durait trois heures sans entracte.

Tout de suite après, je me suis rendue à l'autre endroit pour donner un spectacle d'une heure et demie. Quand je me suis couchée cette nuit-là, vers 4 h du matin, j'étais complètement épuisée. Et là, je pense avoir été trop loin avec ma santé. Mes toussotements sanglants redoublaient d'ardeur, mais je ne voulais pas en parler à mon père, que j'avais souvent vu sortir de scène pour faire la même chose.

Deux semaines après le Casino, c'était l'ADISQ. J'étais en belle grande robe avec ma canne, accompagnée d'André Gagnon et d'André Di Cesare. Effectivement, ce sont les Fabuleux Élégants qui ont gagné le Félix de meilleur album country de l'année. Ça m'a vraiment donné un coup de ne pas gagner; j'ai été déçue, ça m'a fait beaucoup de peine de ne pas voir un tel effort se faire couronner par un Félix. J'ai probablement été mauvaise perdante. Il faut bien dire que j'étais vidée à la suite de mon accident, de l'opération, et le sang qui n'en finissait plus. Ça n'aidait pas le moral. Quoi qu'il en soit, c'est à partir de ce moment anti-climatique que j'ai commencé à perdre mes ressources physiques et émotionnelles. J'allais de mal en pis, je me mettais à pleurer sans cesse, j'étais de plus en plus brûlée, je voulais voir de moins en moins de gens; bref, j'étais en *burnout*, je le savais. C'est en décembre, dans le but de m'éviter trop de soucis, que je suis allée consulter mon médecin. Quand je lui ai dit que je toussais du sang, il m'a ordonné d'aller voir un pneumologue. Déjà que je continuais d'aller en physiothérapie trois fois par semaine et que je consultais régulièrement un médecin de famille, il fallait maintenant que je me tape un pneumologue… Ce mois-là, le mois des Fêtes, j'ai vu défiler plus de médecins, tous avec leur spécialité et leurs tests, que j'ai vu de membres de ma propre famille. En janvier 1999, mon médecin m'a carrément prescrit des antidépresseurs.

Vers la fin de janvier, ça n'allait plus du tout. On commençait à parler d'opération au poumon droit. Allait-on en enlever la moitié? On ne le savait pas. On m'a alors dit qu'il serait préférable que j'arrête de chanter.

J'étais toute seule chez moi et je réfléchissais. Ça faisait près de 50 ans que je chantais. Autant me demander d'arrêter de vivre. Il y avait de l'alcool dans la maison; ce soir-là, quand j'ai ouvert l'armoire pour aller chercher de la vaisselle, j'ai vu un vinier. Rien d'anormal; c'était aussi dans cette armoire que Georges gardait son bar. Un bar très normal, comme dans beaucoup d'autres foyers. Nous n'en avions jamais discuté. Pour moi, l'alcool, c'était fini depuis 16 ans. Ce soir-là, j'ai regardé le vinier différemment. Quelque chose me disait que si j'en prenais un peu, ça m'aiderait. À réfléchir, peut-être? À moins le faire? J'ai pris un verre de vin.

Je n'ai même pas trouvé ça bon. «Ouache, c'est donc bien mauvais!»

Le mot RECHUTE planait au-dessus de ma tête comme un nuage noir, mais je ne l'ai jamais vu.

∽

Au début du mois de mars, j'avais assez réfléchi pour m'arrêter sur une décision: l'heure de la retraite avait sonné. Avec le recul, je sais bien que je n'ai pas accepté mon sort. Je me demandais ce que j'allais faire de ma vie, mais je n'étais pas trop inquiète. Je me sentais plus ou moins bien. Fin mars, j'ai téléphoné à mon père pour lui demander conseil: je devais subir une bronchoscopie, un examen endoscopique qu'il avait subi près de vingt fois dans sa vie. Il a été un peu avare de commentaires, se contentant de dire que j'allais y survivre. Mais une bronchoscopie, c'est quelque chose: on pense suffoquer, c'est épouvantable ce que ça fait mal. On a vraiment l'impression qu'on va mourir. Le 31 mars, à mon retour, mon père m'a appelée. «Pis Renée, comment ça s'est passé?»

J'avais de la misère à parler; une bronchoscopie irrite les cordes vocales, mais il a bien compris que j'avais trouvé ça horrible.

«Tu sais Renée, je ne voulais pas te dire à quel point c'était pénible, parce que tu l'aurais jamais fait, mais veux-tu un conseil? Fais donc pas comme moi. Laisse donc pas ta vie et ta santé là-dedans. Lâche donc ça, ce show-business-là. Reste donc chez vous. T'as un bon mari? Vous êtes bien? Arrête donc ça…»

Et c'est la dernière fois que j'ai parlé à mon père.

Le soir même, il est rentré à l'hôpital, victime d'une commotion cérébrale. Depuis des années, mon père dormait avec des machines qui l'aidaient à mieux respirer. Cette nuit-là, il s'est levé pour aller à la salle de bains, et une fausse manœuvre l'a fait tomber et se fendre la tête sur le coin d'une de ses machines. Ma mère a téléphoné à un de mes oncles qui est venu l'aider le temps d'attendre une ambulance, qui l'a emmené à l'hôpital d'urgence.

Ma mère m'a fait part des événements seulement le lendemain. Quand elle m'a dit ça, j'étais plus ou moins inquiète. Mon père était tellement entré à l'hôpital souvent qu'on dirait que je ne me rendais pas compte que cette fois-ci c'était très dangereux. J'ai quand même offert d'aller à Drummondville le voir. Ma mère ne voulait pas. «Non, non, Renée, tu ne peux pas le faire tout de suite, il n'est pas capable. Il est trop faible. Attends que je te donne le feu vert.» La première semaine, j'ai laissé aller ça. Le lundi suivant, après Pâques, j'ai dit à ma mère que jeudi matin, j'allais aller voir mon père.

Le lendemain, le 13 avril, je suis allée avec Laurence fêter Dominique dans un restaurant de l'Île des Sœurs, en compagnie de sa fiancée, son père, sa tante, leurs amoureux et Georges. Dominique avait 25 ans ce jour-là. En chemin vers chez moi, j'étais inquiète pour mon père. J'avais hâte d'arriver pour téléphoner à ma mère. De retour à la maison, j'ai téléphoné à Drummondville.

Pas de réponse. J'ai rappelé jusqu'à 23 h 30. Toujours pas de réponse. Je me suis dit que ma mère était peut-être allée chez une amie.

Je me suis assise dans mon lit. Ce soir-là, Laurence avait décidé de coucher dans mon lit avec moi. J'étais en train de lire quand le téléphone a sonné. Il était minuit et dix. C'était mon frère.

«Ouin, c'est Mario, je t'appelle pour te dire que papa est parti.

– Voyons donc, parti, il est à l'hôpital, il ne peut pas être bien loin.»

Je vous jure que je ne savais pas de quoi mon frère parlait.

«Non, non, il est parti, *parti*.»

Cette conversation cryptée commençait à m'énerver. «Ben là c'est quoi, parti? En voyage? À la maison? Où?»

Mario a lâché la bombe.

«Il est mort.

– ...

– Maman ne voulait pas que je t'appelle ce soir. Elle voulait que je te le dise demain pour que tu dormes tranquille.

– Je te rappelle.»

À ce moment-là, je me sentais congelée intérieurement, des cheveux aux pieds. J'étais paralysée, sous le choc.

J'étais enragée contre ma mère. J'ai pris le téléphone, je l'ai appelée, mais elle pleurait, et ce n'était vraiment pas le moment de lui faire des reproches. Elle m'a raconté comment ça s'était passé, comment les infirmières, en le préparant pour sa nuit, se sont tournées un instant, le temps qu'il cesse de respirer. Qu'il meure. Que ça c'était terminé aussi bête que ça. J'ai raccroché.

Laurence me regardait. Elle avait l'air inquiète.

«Qu'est-ce qu'il y a, maman?

– Ton grand-père est mort.»

Son visage s'est allongé. Mon père l'adorait et c'était réciproque. «Ah non, pas mon grand-papa...»

J'ai repris le téléphone. J'ai appelé Georges et je lui ai annoncé la triste nouvelle. «Mon bon Marcel...» C'est ainsi qu'il l'appelait. Il a toujours eu beaucoup d'affection pour mon père.

J'ai appelé Dominique.

J'ai appelé Jean-Guy.

J'ai appelé Michèle Richard.

J'ai appelé Naïma.

Tous étaient sous le choc.

J'ai passé le restant de la nuit à me promener dans ma maison, de long en large, de bas en haut, en passant par le salon, pièce qui avait servi moins d'un siècle auparavant d'école de rang, en essayant de me le rentrer dans la tête, comme s'il s'agissait d'une leçon de mathématiques *(deux plus deux égale quatre)*. Mais ma leçon à moi consistait à me répéter que *mon père est mort mon père est mort mon père est mort mon père est mort mon père est mort*.

Ça ne rentrait pas.

Mon père est mort.

Chapitre 18

La mort de mon père

PENDANT LES DERNIÈRES ANNÉES DE LA VIE DE MON père, j'étais devenue sa confidente et sa gérante. Personne ne pouvait lui parler sans me parler avant. C'est donc en femme d'affaires que j'ai approché l'organisation de ses dernières volontés. Le lendemain de son décès, j'ai annoncé la nouvelle à Serge Bélair, à Érick Rémy et au service de nouvelles de TVA. Peu de temps après, Télé 7 m'a téléphoné pour me demander de leur accorder une courte entrevue chez moi, et j'ai accepté. Quand tout le monde a été parti, j'ai téléphoné à une amie pour qu'elle me conduise à Drummondville. Je réalisais une chose malgré tout: je n'étais pas en état de conduire. Elle m'y a emmenée et je ne me souviens même pas de ce voyage-là. Arrivée à Drummondville, je suis allée chez ma mère. Elle m'a dit qu'elle et mon frère s'étaient occupés du salon funéraire et du cercueil, et que moi je m'occuperais des funérailles.

Encore une fois, j'ai géré la chose en femme d'affaires. Je tenais à ce que mon père ait des funérailles, un hommage, à sa hauteur. Il avait toujours pensé que les gens l'avaient oublié. Il me disait souvent: «Quand je vais mourir, y a pas un chat qui va venir à mes funérailles.» Pendant ce temps, la nouvelle avait fait le tour de la province. Première page de *La Presse*, du *Journal de Montréal*, de *La Tribune*, mention dans tous les bulletins de nouvelles télé et radio… Je me disais que mon père ravalerait ses paroles bien vite s'il pouvait constater l'ampleur que la nouvelle de sa mort avait prise.

Ma mère m'a demandé: «Tu sais, ton cousin qui est prêtre, ça te dérangerait qu'il célèbre les funérailles?»

Mon cousin, je ne lui avais pas parlé depuis 25 ans, alors que j'étais enceinte de Dominique, mais j'avais tellement envie de le revoir! Tant d'eau avait coulé sous les ponts depuis ce temps-là! Je voulais aussi que ça reste une affaire intime. J'ai eu une soudaine et terrible envie qu'il soit près de moi, de mon père. J'ai accepté sur-le-champ.

Quand je l'ai vu, j'étais très contente qu'il soit là. Il s'est assis. Voir son visage a ravivé plusieurs souvenirs, des bons comme des mauvais, et sa première question en a fait ressortir un mauvais. «Renée, ça fait combien de temps qu'on ne s'est pas parlé?»

Je ne l'ai pas quitté du regard. Dominique étais assis à côté de moi. «Tu vois Dominique, il a 25 ans. Ça fait donc 25 ans.» Ça lui a fait de la peine, mais je n'étais pas en état de mesurer la portée de mes paroles. Je crois qu'il a compris, et à partir de là nous avons organisé ensemble des funérailles sobres, et réglé quelques problèmes.

Premier détail, en arrivant chez ma mère, on a immédiatement fait changer le message du répondeur; quand les gens appelaient, c'était mon père qui répondait. Disons que c'était un peu trop macabre à mon goût.

Deuxième détail, un chanteur country que je ne nommerai pas s'était mis dans la tête de chanter aux funérailles de mon père. Quand il m'a demandé s'il pouvait le faire, j'ai rétorqué: «Écoute, y a personne qui va aller chanter en avant. C'est pas le chanteur qui est mort – lui, on va l'entendre encore longtemps. C'est *l'homme*, et c'était quelqu'un de réservé. On va lui faire des funérailles à son image: simples, sobres.»

À ce moment-là, j'étais encore très forte. Le soir, avec ma mère, nous avons fait le tour des effets personnels de mon père, et c'est là que j'ai vu que dans son portefeuille il y avait beaucoup de photos de ma mère, de moi et de Laurence.

Le lendemain, vers 11 h, les médias s'étaient entassés aux portes du salon. Mon père y était exposé le jeudi matin et après-midi, et le vendredi matin. J'ai décidé d'accorder quelques petites entrevues, mais à partir de midi j'ai interdit l'accès au salon aux journalistes, à n'importe qui brandissant un appareil photo, et j'ai été très stricte là-dessus.

J'appréhendais beaucoup le moment où je verrais mon père dans son cercueil, mais je dois dire qu'il avait l'air très paisible. C'est un cliché horrible mais, pour moi, le mot paisible va au-delà des yeux fermés, de la bouche neutre, des mains doucement enlacées sur un torse bien vêtu: pour moi, le mot paisible voulait surtout dire que mon père avait enfin arrêté de courir après son souffle. Malgré tout l'amour que j'avais pour lui, je ne me souvenais pas d'un Marcel Martel qui pouvait respirer normalement. Et là je le regardais, et je le trouvais beau... Je l'aimais. Il y avait des fleurs partout.

L'après-midi du jeudi s'est passé comme ça. La salle était bondée d'amis, de gens de son métier, de membres de notre famille, de mes amis venus me soutenir. Seule anicroche? Trois ou quatre chanteurs qui avaient apparemment préparé un numéro pour mon père; ils voulaient chanter en avant pendant les funérailles et avaient demandé à ma mère, qui avait demandé à mon frère, qui me l'avait demandé. Ma réponse a été sèche, mais efficace. Je dirais exactement la même chose aujourd'hui: «C'est pas un spectacle, ce sont les funérailles d'un homme!» Je n'ai rien contre les chanteurs country, au contraire, mais une seule personne devait faire une homélie, soit le comédien et chanteur Gilles Descoteaux; Gilles s'est occupé de mon père pendant les quatre dernières années de sa vie. Il l'appelait chaque semaine et lui parlait pendant des heures, il l'aimait comme un homme et non comme un chanteur, il lui parlait comme un frère (il l'appelait «ti-frère»); il l'a fait rire, lui a gardé l'esprit en vie. Le jeudi soir, je ne sais pas ce qui est arrivé. J'avais Laurence à droite, Dominique à gauche. Il y avait plein de gens, et quand ils se sont tous approchés du cercueil de mon père pour faire une prière commune, j'ai vu qu'il y avait des chaises derrière moi, je me suis assise, et je me suis mise à pleurer. C'en était fini de la gérante, de la femme d'affaires à la tête froide et à la réplique facile. J'étais redevenue la petite fille, et mon père, il était mort.

Je me suis subitement souvenue d'un rêve que j'avais fait à l'âge de six ans. Dans ce rêve, j'étais au volant d'une voiture qui n'allait pas très vite. Je conduisais tant bien que mal, aussi bien qu'une fillette de mon âge pourrait le faire. Devant moi, semblant vouloir s'éloigner, se perdre, me perdre, était la voiture de mon père, et moi je lui criais *s'il te plaît papa, attends-moi, s'il te plaît, je t'aime papa, attends-moi!* Et mon père s'éloignait, s'éloignait... Oui, je me suis souvenue de ce rêve qui pourrait résumer les 52 ans de ma vie jusqu'à maintenant, toute ma relation avec lui.

Tout d'un coup, je perdais ma vie; je m'habillais pour lui, je chantais pour lui *(papa as-tu aimé ça? non t'as pas aimé ça? ben coudonc la prochaine fois t'aimeras mieux ça!),* tout était fait en fonction de lui mais, jusqu'à ce que ces gens-là lui rendent un dernier hommage, je ne l'avais jamais pleinement réalisé. Je m'étais occupée de lui comme d'un bébé dans ses dernières années, je lui parlais toutes les semaines, il me confiait ses malheurs... J'ai compris, en l'espace d'un instant, tout ce qu'il représentait pour moi – l'amour inconditionnel et profond que j'avais pour lui –, et je me suis écrasée sur la chaise. C'était ma vie qui venait de finir, et je n'ai jamais été capable de m'en remettre. Ce soir-là, quand on est arrivé à l'appartement de ma mère, je lui ai demandé le jonc de mariage de papa. Le lendemain matin, je l'avais au doigt, et je l'ai depuis ce temps-là – enfin, j'avais quelque chose qui lui appartenait.

Drummondville a célébré les plus grosses funérailles de son histoire. Les rues étaient bloquées et grouillaient de gens, l'église était bondée; plus de 2 000 personnes s'étaient déplacées pour venir offrir un dernier hommage à mon père. Je devais aller parler en avant pendant la cérémonie mais, comme de raison, je n'ai pas été capable. J'ai demandé à ma cousine Monique de prendre ma place.

Après les funérailles, je suis revenue chez ma mère. C'était irréel. Tout était fini. Je croyais avoir rêvé. Tout ça était en fait un cauchemar duquel je me réveillerais bientôt. Je suis retournée chez moi le lendemain, vidée.

ᗯ

Dans ma tête de fille blessée et ébranlée psychologiquement, j'en étais venue à une conclusion: *Ah, je sais! Quand il est mort, son âme s'est installée dans la petite chambre du grenier.* Le soir, quand Laurence était couchée, je venais m'asseoir dans mon salon, près de l'escalier qui mène en haut. Je savais que papa attendait qu'elle soit couchée pour descendre l'escalier et venir me parler. Je l'attendais. Quand il ne venait pas, je pleurais.

J'appelais Gilles Descoteaux.

J'appelais Michèle.

Une dizaine de jours après la mort de mon père, André Di Cesare m'a proposé un autre de ses flashes: «Renée, voudrais-tu faire un album juste de ses chansons à lui?»

J'ai accepté immédiatement. Jamais je n'aurais eu cette idée-là, mais j'aimais autant le faire avant quelqu'un d'autre. J'avais tellement peur que quelqu'un s'empare de sa mémoire; l'album a été fait avec beaucoup de rage au cœur. Aussitôt entrée en studio, j'ai demandé à André de ne pas mettre d'inconnu sur ce projet-là. Je voulais que ça soit Marc Beaulieu qui le fasse. J'ai aussi demandé à ma mère de venir avec moi à Montréal, sans quoi je n'aurais jamais pu mener à terme ce projet. Nous avons pris la guitare de mon père, parce que c'était mon héritage, et en quelques jours nous avons terminé l'enregistrement d'*À mon père*. De cet enregistrement je ne retiens qu'un souvenir très vague, comme si je naviguais en plein brouillard, me fiant uniquement à mes instruments. Ces quelques jours ont été extrêmement pénibles pour moi; non seulement je vivais une peine assommante, mais je toussais encore du sang.

La première chanson que j'ai chantée dans ma vie a été *Un coin du ciel*, et je la reprenais sur l'album, en «duo» avec mon père. Avant de chanter, j'ai dit à Marc: «T'enregistres, que ça soit bon ou pas, tu le gardes, parce que moi je ne recommencerai pas ça.»

Il a enregistré, et je connaissais tellement la chanson et mon père que ça s'est passé parfaitement. Je chantais exactement comme lui. C'était l'unité, la symbiose. La chanson a pris fin sur ces paroles:

Mon cœur t'appelle
et te réclame jour et nuit
sois-moi fidèle
je t'aimerai toujours ma jolie

∽

Marc a fermé la console, éteint les lumières.
C'était fini!

∽

La sortie de l'album *À mon père* m'a rendue très nerveuse; j'avais très peur que les gens pensent que je voulais profiter de la mort de mon père. S'il y a une fille qui ne veut pas faire ça, c'est bien moi! Mais aussitôt l'album sorti, tout le monde a compris: il y a une différence entre vouloir profiter de la mort de quelqu'un et juste avoir envie de dire à quel point on l'a aimé, de lui rendre un hommage, et d'être en position de le faire. Si mon père entendait ce disque-là, ce serait l'homme le plus heureux de la terre. Il serait fier de moi comme il l'a toujours été.

En fait, je n'avais qu'une condition pour accepter de faire l'album: pas de promotion. J'avais le goût de me cacher, d'être loin, de ne pas être vue. J'étais carrément sur une autre planète. Depuis mon premier verre de vin, je m'étais resservie de temps en temps, sans trop y penser. Quand mon père est décédé, j'ai dit «au diable tout le monde», je me suis acheté deux viniers et je suis tombée dans une bulle de laquelle je ne suis sortie que deux ans après. J'ai vécu une rechute monumentale. À un moment donné dans ma rechute, j'étais certaine que je n'arriverais plus jamais à être sobre. Tout avait tellement dégénéré pour moi: le *burnout*, les épreuves que je vivais, mon accident, mes poumons, mon père. J'étais encore en physiothérapie; je marchais encore avec une canne. Est-ce que toutes ces épreuves auraient été plus faciles à vivre si je n'avais pas rechuté? Je ne le sais pas. Tout ce que je sais, c'est que j'ai passé au travers grâce non pas à un, mais à deux séjours à la Maison Jean-Lapointe. La première thérapie a duré trois semaines et m'a fait beaucoup de bien, mais on dirait que j'avais encore trop de réserves. Un an après, pour la deuxième, j'y suis restée 28 jours. J'étais vidée, fatiguée, et c'était assez humiliant de me retrouver en thérapie après tant d'années de sobriété, mais je m'en foutais; l'enfer que cette rechute m'a fait vivre, ainsi qu'à mes proches, m'a dénudée de toute fierté. Pour clore le sujet, je peux vous dire qu'il n'y aura plus jamais un événement assez douloureux, une épreuve assez grande, pour que j'aille chercher du réconfort dans l'alcool.

Un mois après avoir enregistré l'album, je suis allée me ressourcer à Saint-Benoît-du-Lac, comme j'avais plus ou moins l'habitude de le faire dans mes moments de grande détresse. J'y passais quelques jours dans le recueillement, et je parlais au père Larochelle, mon conseiller spirituel. Cette fois-ci, il a été ferme:

«Renée, si tu ne demandes pas de l'aide professionnelle, tu ne t'en sortiras pas. Tu vas crever.»

C'était rendu de la folie: pour moi, mon père vivait dans mon grenier, et il venait me parler le soir. Le jour, je ne faisais pas de bruit, de peur de le réveiller. Si ma chienne jappait, je la grondais. C'était impossible que mon père soit parti, qu'il m'ait abandonnée. J'en suis même arrivée à un point où je haïssais ma mère: il y avait juste *moi* qui avais aimé mon père. Il m'appartenait – un raisonnement pour le moins absurde. Le lendemain, mon médecin m'a référée à une psychologue et j'ai entamé une longue psychothérapie.

∽

Mon père est mort sans que je lui dise que c'est lui qui m'avait transmis mes problèmes de poumons, ceux-ci étant héréditaires. Au fil des semaines et des mois, mon problème s'est aggravé à un point tel où j'ai dû négocier quelle sorte d'opération le chirurgien me ferait. Son choix à lui était de m'enlever la moitié du poumon droit. L'opération a été retardée pour toutes sortes de raisons, et finalement il m'a offert un autre choix, quelque chose de pratiqué depuis à peine cinq ans: une embolisation, opération qui consiste à obstruer les artères affectées et qui requiert la présence active du participant. J'ai subi cette embolisation le 1er juin. Elle a duré deux heures et demie. À part Georges, la seule personne que j'ai autorisée à venir me voir à l'hôpital, c'est Michèle, qui avait très peur pour moi. Michèle Richard, c'est ma sœur. Elle m'aime et je l'aime pour la vie. Elle a un cœur de petite fille en or et a toujours été là pour moi.

∽

J'ai vécu un été 1999 absolument vide de sens. J'ai nagé dans l'alcool et la dépression la plus profonde, et j'essayais tout pour alléger ma peine. À la moindre occasion, je faisais un sanctuaire à mon père, avec sa photo et un lampion. J'ai même eu recours à une femme qui, dans ses rêves, pouvait parler aux morts. J'ai deux lettres que mon père m'a écrites. Je voulais tellement croire qu'il était encore là et qu'il avait assez de souffle pour me dicter une longue lettre. Mais c'est un soir de septembre que mon père est finalement venu à mon secours.

J'étais à Knowlton. Mes valises étaient faites. Je m'en allais à Montréal le lendemain, à notre appartement de la rue de la Montagne. Mon plan était fait, c'était très clair dans ma tête: je pénétrerais dans le lobby de mon édifice, saluerais probablement le gardien de service, prendrais l'ascenseur jusqu'à notre appartement du 16ᵉ étage, entrerais dans l'appartement, déposerais ma valise par terre (la valise contenant entre autres une lettre pour tout expliquer), marcherais vers notre balcon, ouvrirais la porte et, une fois dehors, me laisserais tomber dans le vide, jusqu'à 16 étages plus bas, où je serais enfin délivrée de ma souffrance. Je me suis couchée, la valise à côté de mon lit, prête à savourer ma dernière nuit.

Le téléphone sonne. Milieu de la nuit. Je suis seule. Je réponds.

«Renée, c'est papa.

— Quoi?

— Renée c'est papa.

— ...

— C'est papa, prends-toi en main, je vais t'aider.»

Je me suis réveillée. J'étais seule. Le téléphone n'avait jamais sonné, mais mon père m'avait jointe quand même.

Je n'ai pas quitté pour Montréal et, à partir de là, j'ai vécu la folie la plus douce de ma vie; j'ai rêvé à mon père, toutes les nuits. Il venait me voir, il me parlait, il riait, nous chantions des chansons. Il était vivant.

À l'automne, l'Association pulmonaire du Québec m'a approchée pour que je sois la porte-parole de la campagne du timbre de Noël, offre que j'ai refusée, non pas parce que je ne voulais pas m'occuper de cette cause – quand mon père est décédé, la première chose que nous avons faite a été de demander d'envoyer des dons à l'Association – mais parce que je n'étais pas en état psychologique ni physique de sortir en public. Je passais mes journées à pleurer chez moi; je n'étais quand même pas pour aller pleurer à la télé.

∽

À mon père a été mis en nomination pour le Félix de l'album country de l'année. Et pour la première fois, j'appréhendais plus la victoire que la défaite. Je ne me sentais pas capable d'aller chercher le trophée; je ne voulais pas que les gens me voient. J'étais dans ma bulle, ma tristesse, et je ne filais pas show-business du tout. Georges m'a proposé d'y aller avec moi, et Dominique aussi est venu. Une fois sur place, au gala non télévisé, animé avec flair par un jeune homme que j'adore de tout mon cœur, Dan Bigras, j'ai commencé à espérer que je le gagne, ce trophée-là… Que mon père gagne. Quand on a annoncé qu'*À mon père* avait gagné le Félix, j'étais tellement soulagée! J'ai monté les marches, je suis arrivée sur la scène, et Dan m'a prise dans ses bras et il m'a serrée tellement fort… «Chus assez content pour toi, Renée!» Je me sentais comme une petite fille quand j'ai pris la parole pour faire mes remerciements. J'étais redevenue la petite fille de mon père.

J'ai commencé par m'excuser auprès des hauts penseurs de l'ADISQ, qui nous supplient presque de ne pas remercier nos familles et n'importe qui d'autre qui nous passe par la tête, parce que je n'allais pas aller chercher ce trophée sans remercier son principal artisan, celui qui m'avait sauvé la vie. Marcel Martel.

Les organisateurs de l'ADISQ m'avaient offert de présenter un trophée au gala télévisé. Je voulais plus ou moins y aller, étant donné mon état, mais quand je suis arrivée sur scène, je suis restée surprise: la salle au complet s'est levée et les gens m'ont offert une ovation debout. Ça m'a prise de court parce que venant des gens du milieu, ce témoignage m'a vraiment fait réaliser à quel point ils respectaient ce que je faisais. Ç'a été un des plus beaux moments de ma carrière. C'était complètement inattendu et, devant le micro, je ne savais pas trop quoi dire. La seule chose qui m'est venue à l'idée, c'était de souhaiter aux vedettes d'aujourd'hui – les Garou, Bruno Pelletier, Isabelle Boulay – un public aussi fidèle que celui que j'ai eu. Mais tout en disant ça, j'avais bien peur d'exprimer un vœu pieux; ça n'existe plus, les carrières qui durent 50 ans. Le public a changé, le show-business a changé, et on est à l'ère des produits jetables. Les gens changent d'idoles comme ils changent de paquets d'essuie-tout. Le temps où le public va prendre un artiste et le garder comme idole pendant des décennies est bel et bien révolu. Je trouve ça tellement dommage parce qu'il y a des jeunes là-dedans avec un talent fou. Ce n'est pas leur faute, ni celle des médias qui mettent tout en marche pour les faire connaître: c'est qu'il n'y a plus de plaisir pur et simple dans le show-business. Aujourd'hui, c'est un monde d'hommes et de femmes d'affaires, de *business*. Tout est pensé d'avance, tout est figuré, il n'y a plus de magie, d'imprévu. La fidélité du public, je leur ai souhaité à tous, mais en dedans je me disais surtout que j'avais donc été chanceuse de vivre le show-business au moment où je l'ai vécu. C'est la seule chose qui m'a fait tenir pendant 50 ans: le public fidèle qui aujourd'hui ne se trouve plus.

≈

Mon mariage avait grandement souffert de mes états d'âme, et je savais que ce n'était qu'une question de temps avant que quelque chose n'éclate. Georges me disait souvent que même si mon père n'était plus là, il restait encore moi et ma famille. Je n'étais malheureusement pas capable de passer par-dessus la mort de mon père; à mes yeux, cela représentait une trahison. Il n'était pas question que je l'oublie, que je le sorte de ma maison, de ma vie... Georges avait pris l'habitude de me suggérer, un peu à la légère, que nous ayons chacun notre appartement. Je lui répondais toujours que de se séparer ne serait pas une bonne idée, que nous trouverions une solution à nos problèmes, mais je dois avouer que je ressentais de plus en plus un énorme besoin de me retrouver seule, d'aller panser mes plaies ailleurs – de me retrouver. Un matin, peut-être sur un coup de tête, j'ai décidé d'en parler avec Georges et nous avons convenu qu'il valait mieux que je déménage le plus tôt possible. J'ai ensuite annoncé la nouvelle de ma séparation aux journaux pour éviter que des rumeurs farfelues se propagent à mon sujet.

Les événements se sont enchaînés. En mars, j'ai acheté un condo à Knowlton, selon mes moyens, et je l'ai arrangé pour qu'il soit coquet et gai, histoire d'éviter que la tristesse y pénètre. J'y ai emménagé avec Laurence le 5 juin. Laurence avait presque aussi hâte d'habiter ce charmant petit condo que moi, mais hélas! nous y avons passé notre premier soir à pleurer. Nous étions d'accord: ce beau condo, si bien décoré, si gai, ce n'était pas notre *chez-nous*. Ce même soir, j'ai téléphoné à Georges pour lui relater notre «verdict» et lui demander, sans m'attendre à ce qu'il me réponde, ce que j'avais fait là. Malgré tout, ça s'est quelque peu replacé après ce premier soir. Je savais que notre problème n'en était pas un de sentiments; je l'aimais encore, et c'était réciproque, mais il fallait que nous crevions l'abcès.

Le 10 juin 2000, Dominique s'est marié avec la fille qu'il fréquentait depuis l'école secondaire, Isabelle, en l'église Unie près de chez lui, à Saint-Lambert – la même où je m'étais mariée avec Georges 13 ans auparavant. Quand j'ai vu Isabelle descendre l'allée, si belle dans sa robe, et Dominique, dont les yeux brillaient de bonheur, j'ai ressenti une profonde joie que seule la tristesse de me retrouver dans cette même église avec Georges a réussi à diminuer. Cette église qui semblait être la seule rescapée de ces 13 dernières années…

Ma vie s'est replacée petit à petit, à commencer par l'hommage que Radio-Canada m'a fait. L'émission, enregistrée en juin, était animée par Claude Charron et a porté le nom *Avec simplicité*. Mon copain Luc Rousseau, qui organisait l'émission, m'avait bien prévenue: tu te présentes à Radio-Canada à telle heure, et le restant ne te regarde pas. Pendant l'enregistrement, j'ai ressenti la même joie que lors du gala de l'ADISQ; je ne pouvais pas croire que tous ces gens-là – parce qu'il y avait des centaines de spectateurs, dont plus de 75 de mes amis et membres de ma famille – étaient là pour moi. On dirait que durant toute ma carrière, je n'ai jamais constaté l'impact que je pouvais avoir sur qui que ce soit: les gens du milieu comme ceux du public. Quand il m'arrive quelque chose comme ça, je ne sais jamais quoi dire ni penser. Imaginez, même Lucien Bouchard est intervenu lors de cette soirée-là, par voie de message télévisé, pour me dire que j'avais marqué la culture québécoise! Et moi qui avais toujours voulu écrire une chanson, paroles et musique, pour justement marquer cette culture! Je n'ai jamais pu le faire parce que je n'ai pas le talent d'écrire de la musique; M. Bouchard m'a fait me rendre compte que même si je ne compose pas de musique, j'ai chanté des choses qui ont marqué notre culture. C'était très touchant, mais le plus beau pour moi restait à venir.

En effet, c'est un soir d'octobre que Georges et moi avons décidé de nous retrouver très doucement. J'ai pris mon temps, lui aussi, et le temps de vendre mon condo et d'orchestrer mon retour à la maison familiale, nous étions en décembre. À partir de ce moment-là, les choses ont changé pour le mieux; de mon côté, mon séjour dans ce condo, seule avec ma fille, m'avait permis de faire le vide, de reprendre les forces nécessaires pour être une femme plus à l'aise dans son couple et avec ses enfants.

C'est pendant cette même période, soit à l'automne 2000, que j'ai enfin accepté d'être porte-parole de l'Association pulmonaire du Québec; je sentais enfin que je pouvais parler de mon père à la télévision sans fondre en larmes. J'avais appris, au fil des mois et des sessions de thérapie, à laisser aller mon père. La douleur s'atténuait tranquillement, et je réalisais maintenant qu'il allait me manquer, mais que je pouvais désormais vivre ma vie. L'Association pulmonaire du Québec m'a permis d'exorciser le démon qu'était la maladie de mon père; je me suis enfin trouvé une cause à ma mesure. En effet, même si ma condition est stable, elle est telle que je peux être prise d'une quinte de toux à n'importe quel moment; je ne pourrai donc probablement plus remonter sur scène, chanter en direct. La seule porte qui me soit encore ouverte, c'est celle des albums, et à ça, je ne dis pas non. J'ai fini par accepter tout ça, et je vais être porte-parole de cette association aussi longtemps qu'elle voudra de moi. Je respire mieux – dans tous les sens du terme. Je me sens beaucoup mieux dans ma peau: je recommence enfin à vivre. Enfin, je laisse papa se reposer. Je sais qu'il me protège, qu'il veillera toujours sur moi, quoi qu'il arrive.

Quand j'avais 15 ou 16 ans, je me voyais, plusieurs années plus tard, habiter la campagne, assise sur ma balançoire, écrivant ma vie. Certains rêves se réalisent, et celui-là en fait partie. Ma chanson préférée s'appelle *Avec simplicité*. C'est notre chanson, à Georges et moi. Mais quand je regarde la vie que j'ai vécue, je constate l'ampleur de l'ironie: ma vie a été tout sauf simple. Je me surprends alors à formuler un souhait: celui de vivre calmement. Je regarde autour de moi: maison magnifique en Estrie, avec balançoire en avant, donnant sur une route peu passante, un terrain de plus de six acres que Georges entretient avec autant d'amour que de compétence. Je vis de nouvelles choses et j'assume de nouveaux rôles, dont celui de grand-mère, depuis l'automne 2001. En effet, j'ai eu droit à ce nouveau rayon de soleil: le petit Henri, mon petit-fils, le premier enfant de Dominique et son épouse, Isabelle.

Il est temps que je savoure ma nouvelle vie.

Avec simplicité.

ÉPILOGUE

CE LIVRE SOULIGNE LES 50 ANS DE MA CARRIÈRE. Cinquante ans, c'est presque toute ma vie. Or, quand j'ai été forcée de prendre ma retraite en 1999, c'était dans un contexte précipité, brutal et triste. Inutile de dire que je n'aimais pas la façon dont se déroulaient les choses et j'acceptais mal de tout devoir laisser tomber pour une question de santé.

Je n'ai pas bâti une carrière, une vie pendant 50 ans pour finir sur une telle note. Oui, j'ai vécu des moments difficiles, mais aujourd'hui je sais que lorsque viendra le moment de quitter définitivement le monde du showbiz, je le ferai à ma façon, selon mon tempérament, ma personnalité: sereine, douce et avec le sourire.

Achevé d'imprimer sur les presses de
Quebecor World L'Éclaireur
Beauceville